U0633620

"十三五"国家重点出版物出版规划项目·重大出版工程规划
中国工程院重大咨询项目成果文库
秦巴山脉区域绿色循环发展战略研究丛书（第一辑）

秦巴山脉区域绿色循环发展战略研究
（工业、信息与矿产卷）

潘云鹤 等 著

科 学 出 版 社
北 京

内 容 简 介

　　本书为国家重大战略研究咨询项目"秦巴山脉区域绿色循环发展战略研究"（一期）中"秦巴山脉区域绿色工业及信息发展战略研究""秦巴山脉区域矿产资源绿色开发利用战略研究"两个课题组关于秦巴山脉区域工业、信息和矿产资源的绿色发展思路、战略重点及对策措施等研究成果的凝练总结。本书可为秦巴山脉区域如何在保持其国家中央水库、生态绿肺和生物基因库等生态安全战略使命与地位的同时，实现区域发展和百姓脱贫致富提供行动指南和思路。

　　本书的读者对象主要为从事山区经济、产业发展研究的专家、学者，制定秦巴山脉区域工业、信息和矿产发展政策、规划的相关部门领导和工作人员，以及在该区域从事与工业、信息和矿产相关行政管理的地方行政部门的领导和工作人员等。

审图号：GS（2019）3233号

图书在版编目（CIP）数据

秦巴山脉区域绿色循环发展战略研究. 第一辑. 工业、信息与矿产卷 / 潘云鹤等著. —北京：科学出版社，2019.11
"十三五"国家重点出版物出版规划项目·重大出版工程规划　中国工程院重大咨询项目成果文库　国家出版基金项目
ISBN 978-7-03-062558-8

Ⅰ.①秦… Ⅱ.①潘… Ⅲ.①绿色经济-区域经济发展-发展战略-研究-中国 ②工业发展战略-研究-中国 ③信息产业-发展战略-研究-中国 ④矿业发展-发展战略-研究-中国 Ⅳ.①F127

中国版本图书馆CIP数据核字（2019）第223085号

责任编辑：方小丽 / 责任校对：王丹妮
责任印制：霍　兵 / 封面设计：无极书装

科 学 出 版 社 出版

北京东黄城根北街16号
邮政编码：100717
http://www.sciencep.com

北京九天鸿程印刷有限责任公司　印刷

科学出版社发行　各地新华书店经销

*

2019年11月第 一 版　开本：720×1000　1/16
2019年11月第一次印刷　印张：11 3/4
字数：237 000
定价：132.00元

（如有印装质量问题，我社负责调换）

"秦巴山脉区域绿色循环发展战略研究丛书"编委会名单

顾问（按姓氏拼音排序）

何季麟　邱冠周　任南琪　王　浩　王一德　王玉普　徐匡迪
杨志峰　殷瑞钰　周　济　左铁镛

主编

徐德龙

编委会成员（按姓氏拼音排序）

傅志寰　侯立安　金　涌　李德仁　李佩成　刘　旭　刘炯天
罗平亚　潘云鹤　彭苏萍　邱定蕃　吴良镛　吴志强　谢和平
徐德龙　薛群基　张寿荣　钟志华

"秦巴山脉区域绿色工业及信息发展战略研究"课题组成员名单

课题组组长

徐德龙　　中国工程院院士

潘云鹤　　中国工程院院士

课题组成员

曹云龙　　陕西循环经济工程技术院高级工程师

李　辉　　西安建筑科技大学材料科学与工程学院院长、教授

苗金祥　　陕西循环经济工程技术院高级工程师

孙静伟　　陕西循环经济工程技术院高级工程师

张铜仁　　陕西循环经济工程技术院高级工程师

于军琪　　西安建筑科技大学信息与控制工程学院院长、教授

赵安军　　西安建筑科技大学信息与控制工程学院副教授

周　媛　　西安建筑科技大学材料科学与工程学院工程师

孙宁生　　陕西循环经济工程技术院高级工程师

胡正德　　陕西循环经济工程技术院高级工程师

司轶芳　　西安建筑科技大学信息与控制工程学院工程师

"秦巴山脉区域矿产资源绿色开发利用战略研究"课题组成员名单

课题组组长

邱定蕃　　中国工程院院士

课题组副组长

彭苏萍　　中国工程院院士

课题组成员

贺汇文　　西安建筑科技大学

郭进平　　西安建筑科技大学

王瑞廷　　西北有色地质勘查局

龙　涛　　西安建筑科技大学

卜显忠　　西安建筑科技大学

任金斌　　西安建筑科技大学

汪　朝　　西安建筑科技大学

孙锋钢　　西安建筑科技大学

成　欢　　西北有色地质勘查局

卫亚儒　　西北有色地质勘查局

丛 书 序

 秦巴山脉雄踞中国地理版图中心，是中国南北气候的分界线、黄河水系与长江水系的分水岭；是中华民族的重要发祥地、中华文明的摇篮；是国家重点生态功能区和生物多样性保护优先区，是中国的中央水库、生态绿肺和生物基因库；与欧洲阿尔卑斯山脉、北美落基山脉一同被世界地质和生物学界称为"地球三姐妹"，孕育了众多举世闻名的历史城市和人类聚居地。同时，秦巴山脉区域目前也是中国跨省级行政区最多、人口最多的集中连片贫困区，生态保护与扶贫攻坚任务艰巨。秦巴山脉区域及周边大中城市构成了中国承东启西、连接南北的重要战略区。认知秦巴、保护秦巴、振兴秦巴，坚持"绿水青山就是金山银山"的发展目标，协同做好绿色发展这篇大文章，对于确保国家生态安全，全面建成小康社会，推进区域协同创新发展，实现中华民族伟大复兴中国梦，具有重大战略意义。

 2015年，中国工程院实施"秦巴山脉区域绿色循环发展战略研究"重大咨询项目，组织水资源保护、绿色交通、城乡统筹、农林畜药、工业信息、矿产资源、文化旅游等专题组和陕西、河南、湖北、四川、甘肃、重庆六省市地方组，由分属化工、环境、农业、土木、管理、能源、信息、机械等8个学部的24位院士分别负责相关课题，在六省市党政领导，国家发展和改革委员会、科学技术部、交通运输部、环境保护部、工业和信息化部、国家林业局、国务院发展研究中心等部委和单位的高度重视与大力支持下，由全国300余名专家学者参与，深入实地，对秦巴山脉区域进行了广泛的调研和认真研究。项目历时两年，先后召开大型研讨会14次，专题研讨会50余次，并赴阿尔卑斯山脉和落基山脉进行了有针对性的比对调研，探讨了秦巴山脉区域生态环境保护与经济社会发展之间的绿色、低碳、循环发展路径，形成了一系列研究成果：在项目执行期间，项目组以中国工程院名义向国务院提交建议报告一份、以全国人大代表名义向全国人大提交建议3份，完成研究报告15份，发表相关研究论文60余篇；协助组织"丹江口水都论坛"一次，成功举办了"第231场中国工程科技论坛——秦巴论坛"，并在该论坛上发布《秦巴宣言》。

 本丛书是"秦巴山脉区域绿色循环发展战略研究"重大咨询项目研究成果的

整体凝练，从8个领域的专业视角，以及相关六省市的地域综合视角，通过跨领域、跨地域研究体系的搭建，以秦巴山脉区域为主要研究对象，同时对周边城市地区进行关联研究，提出了秦巴山脉区域生态保护与绿色发展必须以周边城市区域为依托协同共进的重要思路，探索了生态高敏感地区保护与发展创新路径，并从国家公园建设、产业转型培育、空间整理优化、文化保护传承、教育体制创新等方面明晰了战略对策。本丛书可为秦巴山脉区域和国内其他贫困山区实现"绿水青山就是金山银山"的战略目标提供借鉴，可供咨询研究单位、各级行政管理部门和大专院校师生学习参考。

　　"秦巴山脉区域绿色循环发展战略研究"重大咨询项目的实施旨在牢固树立优美的生态环境就是生产力、保护生态环境就是保护生产力、改善生态环境就是发展生产力的理念，倡导绿色生产、生活方式，使蓝天常在、青山常在、绿水常在，实现人与自然和谐共处的创新发展新格局！

前　　言

　　秦巴山脉区域是我国重要的气候和生态分界线，横跨陕西、四川、重庆、河南、湖北、甘肃五省一市，涉及20个设区市、119个县（区、县级市）。其中有秦岭、大巴山两大山脉横贯东西，汉江、丹江穿境而过，地形地貌多样，高山丘陵延绵，盆地川道广布，森林覆盖面广，总面积31万平方千米，总人口6 164万人。秦巴山脉区域是我国的中央水库、生态绿肺和生物基因库，拥有丰富的资源禀赋和极高的生态价值，是我国平衡东西、协同南北的中央纽带，是实施"一带一路"倡议的重要枢纽区域。同时，受地域和交通条件限制，该区域整体经济发展相对滞后，也是我国16个集中连片贫困地区之一，脱贫攻坚任务艰巨。

　　为解决该区域社会经济发展滞后的现实问题，构建一条适合秦巴山脉区域绿色循环发展道路，最终实现地区生态保护与社会扶贫的双重目标，推动中部崛起和"一带一路"倡议的实施，中国工程院于2015年1月启动国家重大战略研究咨询项目"秦巴山脉区域绿色循环发展战略研究"，由全国24位院士、300余位专家组成项目研究团队，深入一线调研，开展研究。

　　工业与资源开发是推动社会经济发展的主要动力，是一个国家实现现代化的核心和前提。但工业发展与资源开发在推动区域经济发展、给社会带来巨大进步的同时，也会对环境造成严重破坏。秦巴山脉区域是我国重要的有色金属和贵金属成矿带，拥有丰富的铜、钼、铅、锌、银、金、汞、锑等矿产资源。作为我国16个主要的扶贫攻坚区之一，该区域正处于加速工业化进程的新时期，但作为国家中央水库、生态绿肺和生物基因库，该区域生态环境保护任务艰巨。在当前条件与发展机遇下，如何在自身生态环境承载能力范围内快速提高整体经济发展水平，在保住青山绿水的同时实现百姓脱贫致富，是秦巴山脉区域经济发展亟待解决的问题。为解决这一矛盾，项目组在研究内容中特别设置"秦巴山脉区域绿色工业及信息发展战略研究""秦巴山脉区域矿产资源绿色开发利用战略研究"两个课题，分别由中国工程院徐德龙院士、潘云鹤院士、邱定蕃院士担任课题组长，中国工程院、西安建筑科技大学、陕西循环经济工程技术院、北京矿冶研究总院、西北有色地质勘查局和陕西省矿产资源调查评审指导中心的专家学者参与，历时两年，在先后赴陕西、湖北、河南、甘肃、四川、重庆五省一市100多家企业、园区、村镇、社区等实地调研和广泛听取地方负责同志建议的基础上，经反复研讨和凝练，形成有关秦巴山脉区域工业、信息与矿产资源的绿色发展思路和战略重点，并给出具体对策措施，以期为该区域工业、信息与矿产业的绿色循环发展提供参考和行动指南。

作者

2019年10月

目　录

第二篇　秦巴山脉区域信息化发展战略研究

第三篇　秦巴山脉区域矿产资源绿色发展战略研究

第一篇　秦巴山脉区域工业绿色发展战略研究

第1章 对秦巴山脉区域的深刻认知

认识是行动的先导。要发展秦巴山脉区域,首先要了解秦巴山脉区域,认知秦巴山脉区域,从秦巴山脉区域资源禀赋和实际情况出发,因地制宜,采取有效对策措施,才能推动秦巴山脉区域工业的绿色发展。为此,我们需要从以下几个方面加强对秦巴山脉区域的深刻认知。

1.1 自然条件优越

秦巴山脉区域位于我国地理中心,是西北、西南、华中、华北四区的核心交会区,涉及秦岭、大巴山周边5省1市,区域内地形崎岖、高低悬殊、自然条件多样,矿产、水、森林、人文等资源富集,是国家的中央水库、生态绿肺和生物基因库[1, 2]。

1.1.1 矿产资源丰富

秦巴山脉区域内地质构造复杂,矿产资源极其丰富,已发现矿产100余种[3],包括有色金属、黑色金属、贵金属、能源和非金属(矿产种类及储量见表1-1-1),占全国已发现矿种的58.1%,探明储量并开发利用的有70多种,潜在经济价值达150万亿元以上,占全国矿产资源潜在总价值的1/3以上。多个矿种资源量位居世界前列,部分矿种资源量位居全国首位。其中,陕西安康有亚洲最大的汞矿生产基地;重庆城口有亚洲最大的钡矿区;湖北襄阳的金红石储量亚洲第一;陕西华州区、河南栾川是我国最大的钼矿产地,河南小秦岭地区是我国第二大黄金生产基地;河南南阳的天然碱、蓝晶石、红柱石储量位居全国第一;湖北荆襄磷矿可采储量居全国首位;等等。区域内代表性矿山主要有陕西熊耳金矿、陕西四方金矿、陕西金堆城钼矿、铅硐山铅锌矿、二里河铅锌矿、陕西山阳钒矿、银洞梁铅锌矿、杨家坝铁矿、旬阳汞锑矿、灵宝金矿、河南栾川钼矿、湖北襄阳磷矿等。

表1-1-1   秦巴山脉矿产种类及储量

分类		种类及储量
金属矿	黑色金属矿产	铁矿（20.6亿吨）、锰矿（1 665万吨）、铬铁矿、钛矿（3 814万吨）、钒矿（303万吨）
	有色金属矿	铅矿、锌矿、钼矿、铜矿、镍矿、汞矿、锑矿、钨矿、铝土矿
	贵金属矿产	金矿（1 020吨）、银矿（2 697吨）、铂族元素矿
能源矿产		天然气（11 103亿立方米）、煤（116 793万吨）
非金属矿产		石墨（1 262万吨）、石膏（88 442万吨）、石煤（95 181万吨）、蓝石棉（378万吨）、萤石（4 856万吨）、磷矿（40 000万吨）、重晶石（6 386万吨）、毒重石（458万吨）、水泥灰岩（93 780万吨）、宝玉石原料、白云岩（227 186万吨）、钾长石（3 961万吨）、石盐（28 022 697万吨）

1.1.2   水能资源丰沛

秦巴山脉区域水资源丰富，地表水资源量为$3.047\ 9 \times 10^{10}$立方米，地下水资源量为7.683×10^9立方米，人均水资源量为3 363立方米，高于我国人均水资源量（2 173立方米）。区域内分布有河流湿地、人工湿地、沼泽和湖泊四类湿地，地跨长江、黄河、淮河三大流域，是汉江、嘉陵江、丹江、南洛河等84条河流的发源地，水系发达，径流资源丰富。其中，汉江、嘉陵江流域面积占长江流域面积的47%，径流总量占长江流域总量的15%。汉江谷地以南降水量超过1 000毫米，向北至秦岭北坡约800毫米；丹江口水库年入库总流量388亿立方米，发源于陕西的汉江、丹江，出境水量为277亿立方米，占丹江口水库年入水量的71%。多雨区出现在米仓山、大巴山、秦岭的中山区一带。

1.1.3   气候类型多样

秦巴山脉区域气候垂直变化显著，有北亚热带海洋性气候、亚热带—暖温带过渡性季风气候和暖温带大陆性季风气候。作为我国气候上的一条重要分界线，秦岭山脉区域南北气候差异十分显著。秦岭北部1 000米以上的中山区、高山区属暖温带山地气候，气候垂直分带性特征十分明显。秦岭南部海拔高度在1 000米以下的低山丘陵区属北亚热带，气候温暖，降水量较多；秦岭北坡属暖温带气候；南坡以南则属北亚热带气候。大巴山南面的四川盆地为中亚热带气候，而北面的汉中盆地则属于北亚热带气候。

1.1.4   生物资源丰富

秦巴山脉区域生物资源具有世界价值，素有"生物基因库"和"天然药库"

之称，区域内有6 000多种动植物生物资源，种类数量占全国动植物生物资源的75%，是我国最大的生物基因库。区域内分布有120余种国家级保护动植物，有大熊猫、朱鹮、金丝猴、羚牛四大国宝，以及红豆杉、白皮松、珙桐、秦岭冷杉、楠木野生树、林麝等多种珍稀动植物，是全国17个重要生物多样性功能区之一。区域内共有中药材品种2 400余种，属于《中华人民共和国药典》规范的正式中药材282种，占全部规范中药材的62.3%。秦巴山脉区域是全国少有的杜仲、厚朴、红豆杉、天麻、黄连、绞股蓝、葛根、山茱萸、五味子等的盛产区，绞股蓝为秦巴山脉区域独有。秦巴山脉区域是全国第一大天麻产区，也是我国漆树、核桃、茶叶等资源的集中分布区之一[4]。

1.1.5 生态环境优良

秦巴山脉区域的森林覆盖率平均达57.3%，其中神农架林区森林覆盖率达90%，是我国森林碳汇的中央汇聚区和植物释氧的核心供给区，是国家级自然保护区分布密度最大的地区之一。

1.2 战略地位重要

秦巴山脉是全国接受东部经济辐射的入口和西部大开发的前哨阵地、国家战略资源接续地、国家农林特色产业集聚区、西部地区资源环境承载能力强和发展潜力巨大的重要经济增长带，承担着南水北调中线工程水源保护、生物多样性保护、水源涵养、水土保持等重大任务，是我国"两屏三带"生态安全战略格局的重要组成部分，战略地位极其重要，主要表现在以下几个方面。

1.2.1 秦巴山脉是区域发展连接地

秦巴山脉位于我国中西部地区，横跨我国区域发展四大板块（西部大开发、中部崛起、东部率先、东北振兴）的两大板块；位于我国三大区域发展（"一带一路"、长江经济带、京津冀一体化）的连接地带。

1.2.2 秦巴山脉区域是交通联系汇聚区

秦巴山脉区域涉及渝新欧大通道、西成高铁、包茂高速、京昆高速、沪陕高速、兰渝铁路等多条交通干线，承东启西、接北连南、辐射八方，是东西、南北交通联系的汇聚区。该区域交通区位如图1-1-1所示。

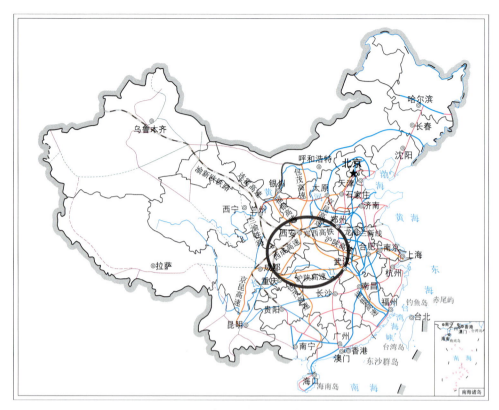

图1-1-1　秦巴山区交通区位示意图

1.2.3　秦巴山脉区域是扶贫攻坚示范地

秦巴山脉区域是全国16个扶贫攻坚的主战场之一，是我国南水北调中线和三峡库区移民搬迁工程涉及人口数量最多的贫困区域，该区域的扶贫开发在全国具有典型的示范带动作用。

1.2.4　秦巴山脉区域是我国军事战略要地

秦巴山脉区域曾经是我国"三线建设"①的核心区域。"三线建设"期间，国家在秦巴山脉区域进行了一系列的国防、科技、工业和交通基本设施建设，形成了雄厚的军事战略资源基础，区域内分布有012基地［中航工业陕西飞机工业（集团）有限公司（以下简称陕飞集团）］——运输机制造基地，062基地（航天七院）——火箭/导弹生产基地，067基地（航天六院）——液体火箭发动机生产基地，等等。

---

① 自1964年开始，在我国中西部地区13个省、自治区进行的一场以战备为指导思想的大规模国防、科技、工业和交通基本设施建设，即"三线建设"。

1.3　工业产业发展基础较好

1.3.1　工业体系基本形成

秦巴山脉区域已形成由装备制造、原材料制造、消费品制造、电子产品制造、能源生产制造和新兴产业制造等6大门类30多个细分行业组成的工业体系。

装备制造以十堰东风汽车、汉中轻型运输机、汉江机床和天水星火机床制造产业基地为代表，其产品在国内外具有一定的竞争优势。

原材料制造以陕西华州区的钼业，汉中、安康、达州的钢铁、铅锌冶炼与深加工为代表，其生产能力在全国具有一定的影响力。

消费品制造已形成以安康为代表的富硒食品饮料生产基地，发展了一大批富硒茶叶、富硒粮油、富硒蔬果、富硒饮料、富硒肉制品、富硒保健品等富硒产品，拟建成有巨大影响的"中国硒谷"；建成了以河南南阳的仲景宛西制药股份有限公司、广元的四川新中方医药集团股份有限公司和安康北医大制药股份有限公司为代表的生物医药基地；以甘肃陇南武都区为典型的油橄榄产业开发基地是全国最大的初榨橄榄油生产基地和全国油橄榄产业的主产区；甘肃徽县建成以"金徽酒"闻名的白酒生产基地。

电子产品制造以四川长虹电子控股集团有限公司、四川九洲电气集团有限公司、艾默生网络能源有限公司为代表，年产近500万台数字电视设备、1 500万台数字电视，还生产应用电子系统、通信电源等产品。

能源生产制造在湖北十堰、陕西安康已形成火电、水电装机近千万千瓦的发电能力，在四川达州形成200多亿立方米的天然气生产能力，未来陕西镇巴天然气待开发基地也极具发展前景。

新兴产业制造已形成以甘肃天水华天电子集团股份有限公司为代表的产业基地，主要产品有塑封集成电路、半导体功率器件、模拟集成电路、混合集成电路、电源模块、集成压力传感器/变送器、集成电路封装专用设备、集成电路包装材料等共10大类2 000多个品种，被广泛应用于航空、航天、兵器、船舶、工业自动化控制及各种消费电子产品等领域。

1.3.2　工业经济所占比例增大

秦巴山脉区域2010~2013年工业增加值变动情况如图1-1-2所示。该区域的工业增加值在不断增加，2013年该区域工业增加值达4 157.92亿元，比2010

年增加了23.34%。2014年秦巴山脉区域所辖市第一、第二、第三产业的比例为15：49：36，较之2010年的18：47：35，第二产业所占比例提高2个百分点，工业经济呈现不断增长的趋势。

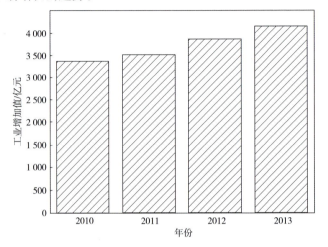

图1-1-2　秦巴山脉区域2010~2013年工业增加值变动情况

1.3.3　工业园区发展拥有基础

秦巴山脉的工业园区发展已具有相当规模，成为秦巴山脉区域工业经济发展的主要载体。截至2016年，秦巴山脉区域拥有国家级开发区15个，省级开发区24个，县级工业集中区120多个，工业产值占到秦巴山脉区域工业产值的60%以上，是秦巴山脉区域工业发展的最主要基地。秦巴山脉工业园区布局图见图1-1-3。

工业园区作为"要素集中、产业集聚、企业集群、创新示范、政策引导"的特殊区域，正在发挥着"要素优化配置、效率效益双高、配套成本低洼、科技创新引领"的优势，在秦巴山脉区域的经济发展中担当着更加突出的作用。以四川广元经济技术开发区为例，该园区是国家级开发区，规划建设面积103.65平方千米，其围绕"产业新高地、城市新组团、开放新格局、统筹新样板、和谐新家园"的发展定位，规划了十大产业园区（下西现代服务产业园、王家营工业园、塔山湾军民结合产业园、袁家坝工业园、空港物流园、医药工业园、石龙工业园、石盘工业园、先锋工业园、摆宴文化产业园）和五大城市新区（下西城市新区、塔山湾城市新区、空港城市新区、石盘城市新区、石龙城市新区），重点推进铝产业振兴、食品饮料提质、电子机械升级、医药产业集聚等四大计划，全面推进"十园五区"建设，初步形成有色金属、电子机械、食品饮料为主导和生物医药、纺织服装、新型材料、能源化工、现代服务等为重点的"3+5"产业体

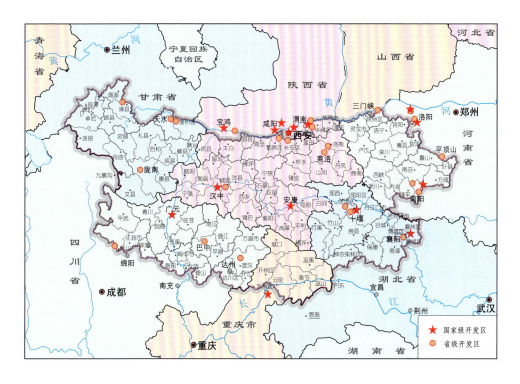

图1-1-3　秦巴山脉工业园区布局图

系，主导产业链初步构建，产业集群初具雏形，截至2016年，该园区共有规模以上企业187家。2014年工业总产值372亿元，比2014年增长8%，占广元市工业总产值的54.23%；固定资产投资130亿元，同比增长5%；利税19亿元，同比增长21%，占广元市利税总额的40%；从业人员4万余人。再以陕西为例，截至2013年，陕南有38个县域工业集中区，总规模面积266.60平方千米，工业用地规划面积191.17平方千米，建成区面积90.28平方千米，累计完成投资（包括基础设施和产业投资）总额350多亿元，入园企业1 707户，就业人数近20万人，其中规模以上企业466户，实现工业总产值1 143.8亿元，实缴税金40.05亿元，成为陕南经济发展的突出亮点。

1.3.4　重要产业基地初成

　　产业基地的建设可拉动当地原材料供应和解决部分就业，加之生产基地的建成往往会需要更多的配套设施建设，这就需要更多的材料和人员配置，可以不断拉动地方经济发展。秦巴山脉区域的一些市、区依托当地的产业优势，形成在全国具有一定影响力的产业基地。例如，陕西汉中作为国家重要的装备制造业基地，已形成以飞机制造、机床刀具、精密仪表、机电设备为代表的装备制造业，2014年，汉中市装备制造业规模以上工业企业有73户，完成工业总产值163.5亿元，同比增长19.3%，占汉中市规模以上工业企业的比重为16.3%，完成产值过亿元的装备制造企业有30户，占汉中市产值过亿元企业的25%；甘肃武都区作为全国三大油橄榄基地之一，全区发展油橄榄22.7万亩①，涉及13个乡镇、320个村、3万农户、12万多人。武都区在大力发展基地的同时，配套建成了11座油橄榄系列产品加工厂，目前武都区油橄榄保存面积约占全国的56%，橄榄油产量占全国的89%，是全国最大的初榨橄榄油生产基地；河南南阳防爆集团股份有限公司作为我国最大的防爆电机科研生产基地、国家机电产品出口基地，有5个全资、控股子公司，主要产品有高低压各类防爆电机、普通电机、防爆电器及监控仪表等218个系列、2 388个品种、96 233个规格，产品被广泛应用于石油、煤炭、化工、冶金、电力、军工、核电等领域。

1.3.5　企业发展具有规模

企业是创造社会财富的主体。无论大中型企业还是中小微企业，它们都是实体经济的重要基础，在增加社会就业、推动科技创新、保持经济较快发展和保障社会和谐稳定等方面具有不可替代的作用，对国民经济和社会发展具有重要的战略意义。支持企业发展是秦巴山脉区域经济振兴的关键。改革开放以来，秦巴山脉区域十分重视企业发展，特别是工业企业，如湖北十堰的东风汽车公司（产品包括特种车、改装车、各型客车、微型车、商用车等），全国面积最大、销售额最高的汽车配件交易市场——"中国（十堰）汽配城"（年交易额达200亿元）；河南南阳的天冠酒精集团、南阳金冠电气有限公司、南阳防爆集团股份有限公司、河南中光学集团有限公司，洛阳中信重工机械股份有限公司、中国一拖集团有限公司，栾川钼业集团股份有限公司，南阳西峡的仲景宛西制药股份有限公司等知名企业；四川绵阳的长虹电子控股集团有限公司、九洲电器集团有限公司，广元的中石化元坝气田天然气净化厂、四川兴能新材料有限公司，阆中的四川保宁制药有限公司，巴中海螺水泥有限公司、巴中市万马汽车有限公司；等等。这些国内外闻名企业已成为秦巴山脉区域地方经济发展的引领带动者。

1.3.6　"两化"融合有所推进

"两化"（信息化与工业化）融合发展被普遍重视，因措施得力，推进有序，秦巴山脉区域的"两化"融合总体水平已从局部应用为主的第二阶段跃升到集成应用的第三阶段，居全国中上游水平。信息技术在60%的大中型企业中的应用已涵盖企业核心业务流程，50%以上企业使用互联网进行电子商务，近半企业

---

① 1亩≈666.7平方米。

使用在线支付。40%以上的中小企业建立网站，利用信息化推进企业发展。许多大中型企业大幅增加信息化投入，重视信息化建设，有的已成为行业内企业信息化建设的领头羊。目前，信息技术在产品研发设计、生产制造和经营管理中得到普遍应用，提高了企业竞争力。

1.3.7　非公有制经济所占比例较重

非公有制经济是国民经济发展的一个增长点，其吸纳大量人员就业，促进产业结构的调整和升级，加快第三产业的发展，促进公有制经济的改革，已经成为我国国民经济最具活力的部分之一，在助推精准扶贫、精准脱贫的过程中发挥着重要作用。秦巴山脉区域内陕西的陕南、商洛和汉中3市的非公有制经济平均占到52%，占据"半壁江山"。四川达州市推出了30强民营企业，这些民营企业已成为成渝经济区、秦巴山脉区域重要增长极的生力军，是促进民营经济发展的标杆。重庆市2014年非公有制经济实现增加值8 750.1亿元，同比增长11.1%，高于重庆市地区生产总值增速0.2个百分点，占重庆市地区生产总值的比重为61.3%，对重庆市地区生产总值增长贡献率达到64.0%，拉动重庆市经济增长7.0个百分点。

1.3.8　绿色发展趋势明显

目前，秦巴山脉区域所在各省、市、县大部分已充分认识到走绿色、低碳、循环发展道路对区域可持续发展的重要性。陕西商洛市针对当地的资源特点在"十二五"期间规划了20个标志性循环产业链，目前已建成16个；陕西汉中市拟在"十三五"期间通过构造产业循环链和实施创新工程，打造以高端装备制造、生物医药和新材料为主的新型循环工业体系；湖北神农架林区基于自身生态要塞的重要性，围绕建成世界著名生态旅游目的地的发展目标，彰显生态保护和绿色发展，对水电和矿产资源开发实施减量化萎缩管理，对生态保护的理解和实施逐渐由静态保护向为老百姓着想、符合自然发展规律的科学保护转变。另外，各地循环经济工业园区也不断建立，谷城循环经济产业园从废旧蓄电池开发利用入手，逐步发展到废旧汽车及其配件、废旧铝材、废旧塑料等更多领域的利用；商丹循环经济工业园区以新型材料产业为重点，以绿色产业、生态旅游为补充，建设了10个循环产业链，形成产业互动、关联配套、循环发展的格局。

1.4　目前存在的问题

1.4.1　工业发展与生态保护矛盾突出

　　青山绿水是人类生存和发展的根基。生态保护已受到全社会高度关注，生态环境正日益成为影响区域竞争力最重要的因素之一。在秦巴山脉区域，生态保护与工业发展之间存在一定的矛盾。工业发展需要强大的环境承载力，生态保护优先又势必限制环境承载力。项目开发和建设者的经济利益有时建立在影响和破坏生态环境之上，与生态环境保护进行着博弈和斗争。拿工业污染治理来说，诸多的困难困在技术、难在经济。例如，陕南和湖北十堰是南水北调中线工程重要水源地，为保护水源，两地关闭了200余家黄姜加工企业，因为按照现有的方法治理黄姜加工过程中出现的酸解液污染极难达标，加之治污运行费用过高，皂素生产厂家难以接受。两地100多万姜农的生产、生活受到影响。遍布秦巴山脉区域矿产资源开采的尾矿库是选矿厂生产必不可少的组成部分，一度曾是矿山企业最大的环保工程——尾矿库的建设，结束了尾矿向江、河、湖、沙漠、旷野及草原的任意排放。但尾矿库建设又造成大片植被被毁坏，还存在环境污染隐患，尤其在雨季极易引发山体滑坡等影响尾矿库安全的自然灾害。尾矿库一旦垮塌，将殃及地下水及江河下游，严重危及人民生命和财产安全。2006年4月30日，陕西省商洛市镇安县某矿业公司尾矿库发生溃坝形成泥石流，约20万立方米尾矿渣外泄，造成17人失踪，22人被掩埋，5人获救，76间房屋被毁坏淹没的特大尾矿库溃坝事故①。现如今，虽然已经在尾矿综合利用方面探索出一条条途径，但仍然难以满足技术、经济和规模的综合要求。人们在尾矿库替代方面还没有找到满意的方式，对区域内存在的1 768座各种金属和非金属尾矿库也无经济可行的办法。

1.4.2　区域开发与资源环境抗争

　　资源环境综合承载力由一系列相互制约又相互对应的发展变量和制约变量构成。自然资源变量有水资源、土地资源、矿产资源、生物资源的种类、数量和开发量；社会条件变量有工业产值、能源、人口、交通、通信等；环境资源变量有水、气和土壤的自净能力。秦巴山脉区域工业发展与资源环境供需矛盾在抗

---

　　① 安全监管总局对陕西商洛尾矿库溃坝事故发出通报，http://www.gov.cn/gzdt/2006-05/17/content_283004.htm。

争。例如，每年仅建设用地需求就达数十万亩，存在巨大缺口。耕地后备资源匮乏的重庆、陕西占补平衡难度很大。现有土地资源利用又较为粗放，部分城镇规模过度扩张，土地城镇化快于人口城镇化，城镇人均建设用地和农村人均建设用地均超过国家标准。又如，秦巴山脉区域地质灾害呈易发多发之势，石漠化面积达78.87万公顷（1 183万亩，其中渝东北658万亩），水土流失面积达178万公顷（约2 670万亩）。以上问题虽成因复杂，但与区域内特殊的资源区情和当前工业化、城镇化快速发展的特殊阶段及现行的相关体制机制不完善不无关系。

1.4.3　发展理念与现实行为背离

虽然绿色发展理念在工业发展还比较落后的秦巴山脉区域正逐步得到广泛响应和深刻理解，但"绿水青山"也同时面临着"金山银山"的挑战。秦巴山脉区域个别腹地县在"兴工强县"的口号下，还在以环境为代价换取一时的经济增长，以"环境容量大"为优势，热情地招商引资，吸引城市或发达地区的产业转移，其中包括高耗能企业和生产工艺并不先进的生产线。例如，中信重工机械股份有限公司等8家企业将大型铸铁件、特种铬钼铸钢件、有色铸件和汽车精铸件等生产环节迁至洛阳市管辖的宜阳县，设计能力为年生产大型铸铁件3万吨、特种铬钼铸钢件3万吨、有色铸造件3 000吨，可生产200吨/件的国内最大灰铁件。该县还将以发展重、稀、特、精铸件为重点，引进核电、水电等大型铸锻件工艺和装备制造企业。然而，铸造业是污染较严重的行业，在生产过程中不仅耗能高，而且排放高，会产生大量可吸入颗粒物（particulate matter，PM）、二氧化硫（SO_2）、氮氧化物（NO_x）、挥发性有机物（volatile organic compounds，VOC）和废水并夹杂异味，还伴有废砂、废渣等固体废弃物及危险废物和噪声。虽然现有铸造企业都在积极开展清洁生产，大力推广清洁生产技术，配置了大气污染物收集及净化装置，企业清洁生产水平得以提高，但是，在一个县如此集中地发展铸造业，其环境承载力仍令人担忧。又如，四川某汽车制造公司将以改装为主的客车生产线搬迁至广元市经济开发区，年产"川马"牌客车2 000辆。广元市宣布"拥有了自主生产客车整车能力，实现客车整车'广元造'"，而该生产线实际科技含量并不高。尤其需要重视的是，秦巴山脉区域目前还有不少起点低、规模小、工艺落后、资源能源消耗高、安全无保障、环境污染严重，对生态保护影响更大的传统产业，由于种种原因尚不能被及时淘汰。

1.4.4　统筹协调与分散自为对立

统筹协调区域发展，发挥各个地区的优势和积极性，通过健全市场机制、合作机制、互助机制、扶持机制，逐步消除区域内重复建设、同质同类、恶性竞争现象，促进资源、生产、销售、研发、生态保护等各个环节、各个方面相协调，形成区域内优势互补、共同发展的格局，也是绿色循环发展应有之含义。秦巴山脉区域由于处在省与省之间接合部，裂隙化行政管制缺乏统一协调，各自为政的现象长期存在，如矿产资源"一矿多开"尤为典型。陕西金钼集团位于陕西省华阴市金堆镇，洛南县九龙矿业有限公司位于陕西省商洛市洛南县石门镇，二者相距不到40千米，分属两个不同的市、县行政管辖。河南栾川钼业集团股份有限公司与陕西金钼集团同位于秦巴山脉区域，相距240千米，由于分属两省行政管辖，不同的地方经济利益使两家企业成为市场上的竞争对手，在技术与人才方面很少往来。上述企业（据了解秦巴山脉区域东部还有多家钼矿开采企业）行业同属，资源同一，产品同类，且都参与国际市场竞争。上述企业分别隶属不同地区，体制、机制不同，规模、层次有差异，缺乏统一规划，造成在资源、市场和人才方面的无谓竞争。若上述钼矿开采企业整合为一家，改变目前的各自为政、各行其是，将"一分为多"的资源、市场和人才统为一体，理应于企业更为有利。类似的情形还有陕甘交界的铅锌矿开发和陕豫交界的"小秦岭"地区的黄金矿开发，都长期存在着滥挖滥采、无序开发和恶性竞争的问题。

1.5 目前面临的特殊形势

1.5.1 挑战严峻

1. 抢占国际市场制高点的争夺激烈

从全球看，当前新一代信息技术的加速渗透和深度应用，不仅影响着人们的思维方式、生活方式和就业取向，还引发影响深远、势不可挡的产业革命，形成新的生产方式、产业形态、商业模式和经济增长点。一方面，世界主要发达国家纷纷加速推进"再工业化"、"再制造化"和"工业4.0"等战略进程，在移动互联网、云计算、大数据、增材制造、生物工程、新能源、新材料等诸多领域取得新突破，正在不遗余力地抢占未来经济全球化的制高点；另一方面，一些发展中国家也在加快谋划和布局，积极参与全球产业再分工，承接产业资本转移，拓展国际市场空间，不断加大科研投入，竞相争夺科技创新人才，强化核心关键技术的研发部署，抢占科技发展、产业竞争的先机和主动权。这种"双重挤压"之势对秦巴山脉区域工业发展带来了越来越大的压力。

2. 国内"三期叠加"①的压力增大

我国已进入"三期叠加"的新时期,为了争夺发展的主动权,各地纷纷加大产业变革和科技创新的力度,加快经济发展方式转变,形成了历史性交会:新型工业化、信息化、城镇化、国际化和绿色化的发展不断加速;重点区域一体化发展日趋明显;结构转型、产业升级、科技创新和体制改革正在加快,经济发展进入中高速增长的新常态。这种"时不我待,必要自强"的压力,对已是落后的秦巴山脉区域工业发展可谓"形势逼人,时不我待",再有迟缓,必将差距更大。

3. 资源要素矛盾日益突出

资源要素对工业发展极为重要。当前,秦巴山脉区域工业发展遇到了资源要素短缺的问题。一是建设用地供给趋紧。秦巴山脉区域人均耕地不到全国平均水平的1/2,中低产田约占90%,旱地占到80%以上,粮食生产保障能力较弱。随着人口增长和建设发展,区域内耕地资源约束进一步加大,生产、生活、生态用地结构失衡,工业用地所占比例高且利用效率低的问题突出。当前,随着国家控制工业建设用地,建设用地供给将更加趋严。二是工业发展空间受限。由于秦巴山脉区域处于五省一市的边缘地带,多数地区属于严禁开发和限制开发的生态保护区,在国家加大对生态环境保护和修复的大形势下,工业发展空间必定更加有限。三是矿产资源供需矛盾显现。近年来,因经济下行压力趋大,国内矿产资源由供不应求骤变为需求不振,市场波动加剧,对秦巴山脉区域矿产资源开采与加工冲击很大,许多企业被迫限产、减产,甚至停产退出。

4. 对生态环境保护的要求更高

党中央、国务院把加快推进生态文明建设提到"关系人民福祉,关乎民族未来,事关'两个一百年'奋斗目标和中华民族伟大复兴中国梦的实现"的高度。生态文明建设对秦巴山脉区域而言,不仅更为重要和紧迫,而且责任更重大,使命更神圣。秦巴山脉区域要牢固树立尊重自然、顺应自然、保护自然的观念,坚守绿水青山就是金山银山,坚持创新、协调、绿色、开放和共享的五大发展理念,在生态保护优先的前提下,推动区域工业进入绿色循环发展新阶段。

5. 园区转型升级刻不容缓

工业园区在秦巴山脉区域已蔚然兴起,是地方工业经济发展的希望所在。但区域内现有不少工业园区存在起点低、投入少、主导产业不突出和规模特色不明显等诸多问题,急需转型升级。在新常态下,当务之急要从园区特色、基础设

---

① 我国经济结构调整面临的"阵痛期"、发展增速的"换挡期"和前期刺激政策的"消化期"。

施、创新驱动、产业集聚、提质增效、智能化提升等方面精心策划、转型升级，建园模式要从政府主导型向市场主体型转变，管理方式要从行政管理型向服务管理型转变，产业发展要从同质同构型向集群差异型转变，增长方式要从速度扩张型向质量效益型转变。工业园区通过转型升级焕发生机，增强活力，实现产业园区化、园区特色化。转型升级作为秦巴山脉区域工业绿色循环发展的"突破口""加速器"，可以使绿色工业成为区域经济发展的重要支撑。

6. 精准扶贫脱困任重时紧

"精准扶贫"是党在新时期执政兴国的重大战略和有益实践，是立足新阶段，把握新趋势，开创未来，努力实现"共同富裕""国富民强""伟大复兴"的强国梦的一条新路。秦巴山脉区域贫困人口主要集中在地僻人稀、自然条件恶劣、基础设施差、产业发展滞后、群众受教育程度低的县（市）及贫困乡村，74个贫困县（市）的贫困人口共300多万人。要在2020年全面建成小康社会，全部摘掉贫困县帽子，工业绿色循环发展责无旁贷地成为产业扶贫的重要担当和精准扶贫脱困的主渠道、强支撑和原动力。

1.5.2　机遇难得

1. 全面深化改革中的"红利"机遇

党的十八大以后，党中央提出全面深化改革的伟大举措，加强了顶层设计，步步紧扣地提出了深化改革项目，取得了举世瞩目的成就，使包括秦巴山脉区域在内的全国发展获得巨大"红利"。其中，科技改革、科技创新对发展红利的贡献突出地表现在极大地提高了经济增长的质量和效益，实现了经济总量的增长和社会进步。秦巴山脉区域实施创新驱动战略，最紧迫的就是要破除体制机制障碍，最大限度地解放和激发科技作为第一生产力所蕴藏的巨大潜能。秦巴山脉区域应按照党和国家部署，进一步深化改革开放，不断推进科技创新，牢牢把握全面深化改革的"红利"机遇期。把秦巴山脉区域工业绿色循环发展好，着力在增强动力、化解矛盾、补齐短板上取得突破性进展，将通过体制变革和机制创新产生的有益成果，变成绿色发展的强大动力。

2. "一带一路"倡议中的战略机遇

"一带一路"倡议是加快建设全方位对外开放新格局的重大举措。共建"一带一路"旨在促进经济要素有序自由流动、资源高效配置和市场深度融合，推动沿线各国发展战略的对接与耦合，发掘区域内的市场潜力，实现经济政策协调，促进投资和消费，创造需求和就业，开展更大范围、更高水平、更深层次的区域合作，共同打造开放、包容、均衡、普惠的区域经济合作架构。"一带一路"倡议的互联互通项目，如中巴经济走廊和孟中印缅经济走廊、"461中非合作框架"等一系列战略构想等，勾画出中外经济合作的新蓝图，将为各行各业的发展带来难得机遇。为此，秦巴山脉区域的工业绿色发展应充分利用"一带一路"倡议的战略机遇，加大"引进来"，积极"走出去"，着力谋划相互联系、相互支持、相互促进的项目，为加快自身发展注入新活力，增强新动力。

3. "三期叠加"转化中的政策机遇

为了应对我国"三期叠加"所出现的一系列问题和困难，国家相继出台了一系列支持政策，涉及简政放权、对外开放、国有企业改革、科技体制改革、生态文明建设和创新改革试验等诸多方面，目的在于激发市场蕴藏的活力，拓宽创新的道路，清除阻碍发展的障碍。秦巴山脉区域应根据实际，紧紧抓住国家发展战略西移的机遇，选择产业政策和区域政策的结合点，积极开拓加快秦巴山脉区域工业发展的切入点、突破口，充分利用国家在政策、资金方面优先发展的项目，实现中央和地方倾斜政策的有机结合，培育新的经济增长点。秦巴山脉区域尤其要将工业绿色循环发展与精准扶贫相结合，整合各项政策、各类项目和资源，把精准扶贫当作工业绿色循环发展的重大机遇，做好贫困县、贫困村、贫困户的扶贫开发，用足、用活、用好政策，力求产生最大效应。

4. 生态文明建设中的发展机遇

绿色循环发展是生态文明建设的重要组成部分，是建设生态文明的主要途径。《中共中央关于制定国民经济和社会发展第十三个五年规划的建议》将生态环境质量总体改善作为经济社会发展的主要目标之一，提出创新、协调、绿色、开放、共享的五大发展理念，为秦巴山脉区域工业绿色循环发展指明了方向。只有在生态文明理念指导下的发展，才能摒弃"经济逆生态化、生态非经济化"的传统做法，彻底消除经济活动对大自然的稳定与和谐构成的威胁，才能实现产业生态化、消费绿色化、生态经济化，既做到又好又快发展，又能够在"人不敌天—天人合———人定胜天—天人和谐"的螺旋式上升的进程中实现新的飞跃。保护生态、修复生态、建设生态文明，必将促进节约资源和保护环境的产业结构、增长方式、消费模式的加速形成。循环经济必能形成较大规模，新能源比重必将显著上升，主要污染物排放必能有效控制，生态环境质量必会明显改善，秦巴山脉区域定能最终实现绿色循环发展。

5. 国家众多规划中的优惠机遇

近年来，国家先后出台了《全国主体功能区规划》、《国家新型城镇化规划（2014—2020年）》、《秦巴生物多样性生态功能区生态保护与建设规划（2013—2020年）》、《秦巴山片区区域发展与扶贫攻坚规划（2011—2020年）》、《丹江口库区及上游地区经济社会发展规划》、《全国资源型城市可持续发展规划（2013—2020年）》、《三峡工程后续工作规划》、《长江经济带发展规划纲要》和《成渝城市群发展规划》等10多部跨区域性规划，其中优惠政策很多，既为承接秦巴山脉区域外产业转移、发展特色优势产业提供了机遇，也为区域内加快转变发展方式、推动绿色循环发展创造了契机，更为加快区域绿色循环发展提供了根本保证。秦巴山脉五省一市结合各自的实际，分别制定了区域性专项规划，如陕西省的《陕南循环经济产业发展规划（2009—2020年）》《陕南地区移民搬迁安置总体规划》；重庆市的《重庆市避暑休闲地产规划（2014—2020年）》《关于贯彻落实国家中药材保护和发展规划（2015—2020年）的实施意见》；河南省的《河南省"十三五"易地扶贫搬迁规划》；甘肃省的《甘肃省节能环保产业发展规划（2014—2020年）》；湖北省的《湖北汉江生态经济带开放开发总体规划（2014—2025年）》等20个区域性规划。这些规划在不同方面与秦巴山脉区域绿色循环发展战略研究具有相关性和契合性，必将产生异曲同工之妙和殊途同归效应。

第2章 秦巴山脉区域工业绿色发展的战略构思

秦巴山脉是全球三大著名山脉之一。以秦巴山脉为核心的城市圈是国家实施"一带一路"倡议和中西部崛起的核心地带，是华夏重要的中央绿色生态安全屏障，其走什么样的发展战略道路极为重要。作为主要体现秦巴山脉核心竞争力的工业到底如何发展，实现什么样的发展、为谁发展、怎样发展，是首要解决的重大问题。我们必须坚持两点：一是统筹处理好人与自然的关系，做到生态文明式发展。因为生态文明将极大地超越和摒弃现有的发展方式和发展模式，塑造全新的发展观和政绩观，成为社会的主流思想和核心价值观，引领和改变人们的生产、生活方式。二是统筹好发展与保护的关系，做到发展和保护共赢。坚持将绿色发展、循环发展、低碳发展作为基本途径，把节约、环保融入工业经济发展的各个方面和全过程，实现两者的内在统一、相互促进和协调共进，真正走一条高效、生态文明的绿色低碳循环发展之路。

2.1 秦巴山脉区域工业绿色发展的总体思路

坚持创新、协调、绿色、开放、共享的发展理念，实施"大集团引领，大项目支撑，园区化承载，集群化推进，科技化创新，信息化融合，绿色化发展，循环化提高"的发展战略，因地制宜，重点发展优势产业，改造提升传统产业，培育壮大绿色新兴产业，全力推进工业园区转型升级，构造优势突出、特色鲜明、高效、清洁、低碳循环的绿色产业体系，建设"绿色、魅力、富裕秦巴"。

2.2　秦巴山脉区域工业绿色发展应遵循的基本原则

理念引领观念，观念引导行动。秦巴山脉区域工业绿色发展，必须遵循以下基本原则。

2.2.1　坚持创新驱动

以科技创新和机制、体制创新为重点，破除阻碍秦巴山脉区域工业发展的体制、机制障碍，最大限度地解放和激发科技作为第一生产力所蕴藏的巨大潜能，通过科技创新和机制、体制创新，在资源节约、环境友好的前提下推动传统工业的转型和新型工业产业的发展。

2.2.2　坚持深度融合

牢牢把握秦巴山脉区域的特点，充分利用资源富集、种类繁多的优势，鼓励秦巴山脉区域内各省市的合作融合，协同发展，同时加强信息化与工业化融合、产业融合、科技与产业融合、制造业与服务业融合等，促进优势产业相对集中，形成产业专业化区域和集聚效应；培育催生新产业、新业态和新技术，不断提高产业竞争力和区域发展实力。

2.2.3　推进园区升级

在秦巴山脉区域现有工业园区建设的基础上，进一步凝练各工业园区产业发展方向和重点，科学规划园区共用基础设施建设，整合园区内资源，优选集聚产业链项目，优化园区布局，实现优势互补、错位发展和特色发展，建设智能化园区。

2.2.4　重视提质增效

把提高质量效益作为发展中心任务，正确处理工业增长与结构、质量、效益、环保和安全等方面的关系，以提高工业附加值水平和延伸产业链为突破口，全面优化要素投入结构和供给结构，改善提升区域工业整体素质，推动工业发展模式向质量效益型转变。

2.2.5　以绿色低碳为目标

坚持把绿色低碳作为发展重要目标，推动工业发展与生态环境保护相统一，提升节能环保技术水平，提高资源能源利用效率，推进绿色清洁生产，强化污染防治和生态环境保护，使工业经济与生态建设和谐发展。

2.2.6　突出重点

集中力量，集聚要素，鼓励支持重点领域、优势产业、骨干企业、重点产品和技术突破发展，坚持有所为、有所不为，促进产业集聚和规模扩张，增强区域优势产业在全国的影响力和竞争力。

2.3　秦巴山脉区域绿色发展的战略定位

秦巴山脉区位优势独特，矿产资源富集，发展基础较好。随着国家新型工业化、城镇化加快推进，通过区域协调联动发展，秦巴山脉区域未来总体战略定位为以下几个方面。

2.3.1　国家中央生态安全重要屏障区

加强生态环境保护与建设，推进资源综合利用，着力建设资源节约型、环境友好型绿色秦巴山脉区域。秦巴山脉区域要依托山脉、河流、湖库等生态空间，形成两山（秦岭、大巴山）、一架（神农架）、五河（汉江、丹江、嘉陵江、渭河、洛河）为主体的生态网络构架，加速五河流域生态治理力度和沿河湿地保护建设，加大五河支流小流域水土流失治理力度，大力实施"退耕还林""天然林保护""已建国家公园保护"及盆地平原绿化工程，启动国家中央公园建设，实施公路、铁路、园区、城镇绿化工程，通过合力协同保护与建设，真正成为碳汇氧源极其丰沛的中央绿肺和国家中央生态安全的重要屏障区。

2.3.2　国家绿色低碳循环经济的创新发展区

秦巴山脉区域要按照"生态化、绿色化、低碳化、循环化、宜居化"的发展理念，坚持绿色产城统筹规划、城镇园区一体化布局，构建多中心、组团式、网络化的城镇、产业、园区空间结构，积极开拓绿色低碳产业，大力发展循环经济，以资源高效利用和循环利用为核心，以"减量化、再利用、资源化"为原则，实现可持续发展的经济增长模式，形成组团式产业园区和廊带式产业发展区交相辉映、优美产城与循环园区和谐交融、自然生态与产城建筑相互映衬、资源开发利用和生态环境保护高度融合，走出一条绿色低碳循环式发展之路，真正成为国家级绿色循环经济创新开发区。

2.3.3　国家区域经济协同发展的重要衔接区

秦巴山脉区域要紧密依托全国"两横三纵"[①]新型工业化、城镇化发展格局核心交会区的区位优势，充分利用北靠关天经济区、东临中原经济区、西毗成渝经济区、南倚长江中上游经济区四大经济板块的经济实力，大力借用周围的两江新区、西咸新区、天府新区、兰州新区四大国家级新区的发展态势，依据秦巴山脉区域自身资源禀赋和已有基础，着力加快科学发展，努力将自身打造成闻名国内外的清洁能源和新能源产业重点发展区、资源综合开发利用和生态环境保护的良性互动示范区、统筹精准脱贫致富的先行试验区，不断发展壮大自身实力，真正成为我国区域经济协同发展的重要衔接区，从而更加有利于"一带一路"倡议的推进落实和顺利发展。

2.3.4　国家战略能源资源保障重要储供区

秦巴山脉矿产资源极其丰富，已探明储量并开发利用的矿产种类70余种，金属、非金属矿产储量丰厚，黄金、钼、钒、铼、钾等稀有贵重矿产资源突出，还有许多未探明的矿种，石油、天然气、页岩气资源储量潜力尤为巨大，水能资源丰沛。从国家发展需要出发，依据资源禀赋，秦巴山脉区域要按照"绿色开发利用一批、深加工发展一批、精探储备一批"的原则，采用当代先进开采技术，科学开发一批能源资源，尽量做到环保开采、综合利用；采用先进冶炼技术，延伸加工链条，开发一批合金产品，以应国家发展之急需；加大勘探投入，运用先进勘探技术，精勘深探一批国家需要的战略性资源，以备今后发展之需。五省一市应通力合作，使秦巴山脉区域成为国家战略能源资源保障重要储供区。

2.3.5　国家农林特色产业发展的重点集聚区

秦巴山脉区域要积极利用区域内农林特产资源独特的优势，加快农林产业结构调整，坚持"龙头引领、园区承载、品牌培育、科技服务"四位一体发展模式，做优、做强优质粮食、特色林果、富硒食品、有机菜蔬、绿色名茶和现代畜牧六大加工产业，不断提高农林特色产业专业化、规模化、标准化、集约化水

---

① 以陆桥通道、沿长江通道为两条横轴，以沿海、京哈京广、包昆通道为三条纵轴的全国城市化战略格局。

平，建成全国一流的国家级绿色农林特色产业发展重地。

2.3.6　国家高端装备制造业重要发展基地

充分利用秦巴山脉区域内实力较强的装备制造业基础，积极瞄准国际、国内高端装备制造业前沿，大力引进新设备、新技术、高端人才和大企业、大集团，强化外引内联、加强战略合作，建立产业联盟，高标准地加以推进发展，合力将秦巴山脉区域打造成国家高端装备制造业重要发展基地，使其起到高端引领示范作用。

2.4　发展目标

力争到2030年，秦巴山脉区域工业形成健康发展、协调推进的良好格局，产业布局更加合理，产业规模化、集群化、集聚化和国际化进入较高层次，产业体系高端化水平明显；绿色、低碳、循环发展力争走在中西部地区前列，工业经济发展水平有极大的提升；战略性新兴产业实现长足发展，部分行业领域进入全国领先行列，少数达到国际先进水平，成为秦巴山脉区域经济社会发展的主要推动力量。

2.4.1　工业经济总量显著增长

到2030年，全部工业总产值年均增长12%左右，工业税收贡献率逐年增长，工业固定资产投资年均增长20%以上。实现工业实力、产业集中度、技术创新三大提升，达到区域协调、产业体系、融合发展、质量品牌、资源环境五大突破进步，工业经济运行质量和效益显著提升，综合竞争力进一步增强，建成中西部地区较强的工业区域。

2.4.2　产业转型升级更为优化

高端、低碳、绿色的现代产业体系基本建立，先进装备制造业得到迅速发展，特色优势产业带动作用显著增强，战略性新兴产业比重快速提高，现代农林特产加工业大幅提升，生产性服务业比重较快增长，产业转型升级成效明显。

2.4.3　企业创新能力大幅增强

以企业为主体、市场为导向、产学研相结合的技术创新体系进一步完善，企业创新能力显著提升。大中型企业普遍建立以技术中心为核心的研发平台，大中型企业研发费用占主营业务收入比重达到3%以上，重点骨干企业达到5%以上；企业发明专利拥有量增加一倍以上，攻克和掌握一批达到世界领先水平的产业核心技术；大中型企业新产品产值率达到20%以上。

2.4.4　融合发展水平明显提高

"两化"深度融合，重点骨干企业信息技术集成应用达到国际先进水平，大中型企业信息技术综合应用水平达到国内领先，主要行业关键工艺流程数控化率达到75%以上；产业融合发展进一步拓展，第一、第二、第三产业不断深化融合，不断创造新的业态，生产型制造向服务型制造转变取得新突破。

2.4.5　质量品牌建设迈上新台阶

新产品设计、开发能力和品牌创建能力明显增强，形成一批在国内外具有较强竞争力和较大影响力的知名品牌。

2.4.6　资源环境承载力显著提升

万元工业增加值能耗累计下降50%，万元工业增加值用水量累计降低50%，工业二氧化碳排放累计降低55%，工业固体废弃物综合利用率大于80%，重点行业清洁生产水平明显提升，安全生产保障能力更加提高，资源节约型、环境友好型"两型"工业水平有突破性提升。

2.5　空间布局

以铁路、公路、高速公路等综合运输通道为依托，以中心城市、众多城镇、产业集聚区建设发展为重点，按照区域生态安全格局优化产业布局，推进绿色产城一体化，大力提升辐射带动功能，形成外围集聚、内部散点的空间布局（即中央带仅适度发展无污染的绿色产业，重工业逐渐向外围四个园区集聚转移），如图1-2-1所示。

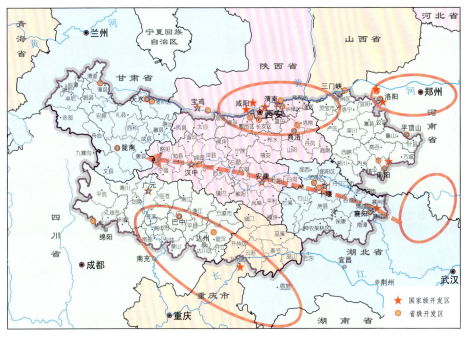

图1-2-1　秦巴山脉区域工业空间布局图

2.6　实　施　战　略

为顺利推进秦巴山脉区域工业绿色循环发展,需要实施以下几大战略。

2.6.1　大项目带动战略

从秦巴山脉区域实际出发,依托资源优势,以大企业、大集团为载体,积极跟踪国家产业政策,策划、建设和培育低碳清洁、高科技、影响面大、带动力强、经济效益好的大型工业项目,促进秦巴山脉区域工业绿色循环发展水平不断提高。

2.6.2　周边大城市辐射带动战略

秦巴山脉区域周边分布着重庆、成都、西安、武汉、兰州、郑州等中西部核心大城市,这些大城市是西部大开发和中部崛起协同发展的枢纽地区,具有经济、技术、产业、人才等突出优势,充分利用该优势所起到的辐射引领作用,将对秦巴山脉区域绿色循环工业发展产生巨大的推动力、带动力和影响力,有利于秦巴山脉区域经济社会加快发展，其意义十分重大。

2.6.3　大企业、大集团引领推动战略

在经济社会发展中形成的大企业、大集团，具有经济实力强、科技水平高、发展速度快、引领带动作用好的优势特点，是秦巴山脉区域经济发展的骨干核心力量。秦巴山脉区域必须大力培育发展一批大企业、大集团，以起到龙头骨干带动作用。同时，秦巴山脉区域应扶持发展一大批具有"专精特新"特征的中小企业，以加快形成大企业与中小企业协调发展、资源配置更富效率的产业组织结构；鼓励和支持企业成为研发主体、创新主体、产业主体，鼓励和支持企业布局前沿技术，推动核心技术自主创新，创造和把握更多机会参加国内外竞争，拓展国内外发展空间；大力发展产业集群，提高中小企业集聚度，优化生产要素和资源配置，以更好、更快地推动秦巴山脉区域工业经济良性发展，起到引领带动作用。

2.6.4　人才资源保障战略

把人才作为支撑秦巴山脉区域工业发展的第一资源，加快推进人才发展体制和政策创新，构建具有国内外竞争力的人才制度优势，提高人才质量，优化人才结构，让人才创新、创造活力充分迸发，努力建设一支具有创新思想、风险意识、务实精神和敏锐战略眼光的企业家队伍，着力打造大企业、大集团与中小企业的领军人才、管理人才和科技创新人才。坚持把激励领军者、经营者、创新者的积极性放在改革发展的优先位置，解放思想，完善机制，给予企业领军者、经营者、创新者合理的利益回报和精神鼓励，创新人才培养、使用和引进模式，充分激发全社会的创新活力。抓住国家实施引进海外高层次人才"千人计划"的契机，大力引进高层次创业创新型领军人才，并为高端人才创造良好的工作、生活和创业条件，对有特殊贡献的人才给予重奖。加大现代企业家、职业经理人培养力度，努力建立一支优秀企业家队伍，引领产业发展。依托秦巴山脉区域内知名高校、科研院所的人才资源优势，大胆探索、积极构建人才柔性流动机制，千方百计培养一支科技创新人才队伍。对待特殊人才要有特殊政策，不要求全责备，不要论资排辈，不要都用一把尺子衡量，要建立灵活的人才激励机制，让做贡献的人才有成就感、获得感。加大高技能人才培养力度，重点培育一批技术技能型、复合技能型和知识技能型的中级和高级技工。完善工业管理体制，深化企业人事、劳动和分配制度改革，形成充满活力、追求技能、和谐进取的企业创新文化，不断提高员工创新能力。

第3章 秦巴山脉区域工业绿色循环发展的战略重点

3.1 重 点 任 务

秦巴山脉区域工业绿色循环发展的战略重点是：树立创新、协调、绿色、开放、共享的发展理念，坚守生态红线，优化国土空间开发格局，全面促进资源节约，加大生态保护力度；坚持以提高发展质量和效益为中心，以推进资源深度转化、产业多元化和产业结构优化为核心，以构筑优势产业链为关键，以产业园区发展为载体，以淘汰能耗高、能效低、污染大的落后产能为重点，以发展战略性新兴产业、提高农林加工产业为支撑，加快实施创新驱动发展战略，大力推进循环经济，使有限的资源产生最大的经济效益，形成产业结构优化、产业布局合理、产业发展集聚、产业竞争高端的绿色低碳现代产业体系，实现秦巴山脉区域的绿色循环发展。

3.1.1 调整优化工业布局

1. 积极优化区域产业布局

优化产业布局是推进秦巴山脉区域工业绿色循环发展的战略重点任务之一。只有产业布局优化，才能加快产业有效发展。秦巴山脉区域应以"一带一路"倡议为契机，从秦巴山脉区域工业基础出发，进行产业调整、优化布局。在秦巴山脉区域东部，以十堰、洛阳、南阳、襄阳等为重点，充分依靠重点城市和重要产业园区，重点发展汽车及零部件、输配电设备、新能源装备制造、重要矿产深加工、信息产业等特色优势产业，努力构建高端产业集聚、创新能力突出、生态环境优良的先进制造业基地、战略性新兴产业基地。在秦巴山脉区域南部，以达州、巴中、广元等重要城市为重点，充分利用现有工业基础，重点发展航空航天、数控机床、现代油气化工、汽车制造、能源产业、新型制药等优势特色产业，通过中央和地方企业互补发展，抢抓陕甘川革命老区规划实施机遇，依托资源优势，积极发展油气化工、航空航天产业，加大培育发展信息产业，推进资源深度转化和综合利用，着力打造绿色能源化工产业基地和高端装备制造业基地，促进区域可持续发展。在秦巴山脉区域北部，以陕西陕南为重点，突出坚持绿色循环发展，重点推动太阳能光伏、航空航天制造、数控机床、新材料、食品医药等优势产业发展，着力打造绿色矿产资源加工基地、高端装备制造业基地和战略性新兴产业基地。在秦巴山脉区域西部，以甘肃陇南为重点，主要着力培育新型工业发展，打好工业发展基础，扭转区域工业西弱状态，坚持走出一条绿色循环低碳的工业发展之路。

2. 着力打造梯次产业发展高地

遵照资源禀赋和产业发展比较优势，积极引导资源要素科学合理配置，形成梯次产业发展之势。努力构建以十堰、安康、汉中、巴中、达州、商洛和广元等秦巴山脉区域内中等城市为支撑的核心产业集聚区，以西安、宝鸡、洛阳、南阳、襄阳、绵阳和天水等边缘城市为支撑的多元产业辐射区，以区域内工业强县为支撑的中小产业承载区，逐步形成核心产业集聚区、多元产业辐射区和中小产业承载区互为支撑、相互融合的产业梯次发展格局。

3. 推进绿色循环工业示范基地建设

紧紧抓住国家、省、市新型工业化示范基地创建契机，以"优化产业结构布局，推进发展方式转变和产业升级、提高自主创新能力、加快工业与信息化融合、提高产业集聚和辐射带动能力"为根本方向，大力提升各类工业园区项目投资强度、技术含量、产业水平，创新园区功能品牌，推进工业园区发展模式由投资驱动向创新驱动转变，由制造园区向创新园区转型，由形态开发向功能开发转换，创建形成一批具有较高水平、较大影响力的省级或国家级新型工业化示范基地，努力将安康高新、达州经济区级别由省级升为国家级，充分发挥示范基地对各区域的引领示范带动作用，促进秦巴山脉区域工业经济重点突破、有序推进、均衡发展。

3.1.2　发展完善的绿色低碳现代产业体系

秦巴山脉区域必须依托资源优势和产业基础，大力引进先进适用技术，做强优势产业，提升传统产业，培育新兴产业，发展完善的绿色低碳现代产业体系。具体策略包括以下几个方面。

1. 生态保护优先，基于区域生态安全格局优化产业布局

按照国家已有的生态安全格局规划，秦巴山脉区域内部相当一部分地区为国家自然保护区、生态安全极重要区和重要区。在这些地区决不允许发展可能带来任何污染的工业，只能适度发展绿色产业，原来布局在这些地方的重工业应逐渐向秦巴山脉区域外围协调区转移。

2. 严格限制传统产业发展

目前，在秦巴山脉区域布局的传统产业主要有钢铁冶金、有色金属、建材、化工、装备制造和服装纺织业等。秦巴山脉区域对于钢铁、有色金属、建材和服装纺织业，应严格限制其产能发展，加快淘汰落后产能，逐渐将位于秦巴山脉中央核心地带生态安全极重要区和重要区的企业向外围协调区工业园区迁移，同时鼓励企业运用高新技术提质增效，适当延伸产业链；对于化学工业，应严格限制非金属化工制品发展，鼓励企业由传统基础化工原料加工向精细化工产品制备方向转型，基于秦巴山脉的矿产资源优势，重点发展化工新材料、生物化工材料和电子化学材料；对于装备制造工业，应基于积淀的产业优势，重点发展航空、汽车、机床等装备制造，提倡绿色制造、智能制造和再制造，提供精细化特色服务。

3. 加强特色、绿色产业培育

秦巴山脉区域物种资源丰富，森林覆盖面积大，人为污染极其轻微，空气和水质量良好，山区生态环境符合生产AA级绿色食品环境质量标准[5]，具有发展绿色产业的良好条件。秦巴山脉区域应依托该区域药材种植优势，大力发展特色中成药和生物制剂产业，采用绿色先进工艺设备，做好废水治理与废弃物利用；依托核桃、板栗、茶叶、魔芋、食用菌、木本油料、生态养殖等特色农林畜牧产品资源，发展有特色的有机食品、有机果品、绿色饮料、绿色蛋肉、富硒食品和林果加工业，畜禽肉食加工业，食用菌产业，茶产业和木本油料产业。秦巴山脉区域应打破"一村一品""一县一品"的格局，开展秦巴山脉区域绿色农林畜牧产品的连片标准化，做出品牌和规模；高起点开发利用该区域的水资源和碳汇资源，培育水经济产业和碳汇经济产业。

4. 慎重发展矿产品深加工产业

秦巴山脉区域矿产资源极其丰富，已发现矿产100余种，包括有色金属、黑色金属、贵金属、能源和非金属等。过去几十年，矿产资源的开发利用有力地促进了当地经济的发展，但也出现了诸多如资源浪费、生态环境恶化、乱开滥采等

问题[6]，秦巴山脉区域的矿产资源开发现状如图1-3-1所示。对于秦巴山脉区域的矿产资源开发，应慎重规划。可有计划开发外围协调区的高储量优质矿产资源，延伸产业链，多省（区、市）联合建设绿色矿产开发工业区：在秦巴山脉区域东北部的外围协调区（小秦岭地区）联合陕西、河南建设金、钼等矿产绿色开发工业区，在秦巴山脉区域东北部的外围协调区联合陕西、甘肃和四川建设铅、锌等矿产绿色开发工业区，在秦巴山脉区域西南部的外围协调区依托四川建设石油、天然气等矿产的绿色开发工业区。对于位于秦巴山脉中央生态安全极重要区和重要区的矿产资源只勘探不开发，积极推进已开矿山的关闭与生态恢复工作。

图1-3-1　秦巴山脉区域工业产业及矿产资源开发现状布局图

5.加快发展信息产业

围绕"互联网+工业"、"互联网+农业"、"互联网+交通"、"互联网+旅游"和"智慧村镇"，结合秦巴山脉区域发展需求推动信息产业发展。基于秦巴山脉区域国家中央生态安全重要屏障区的战略定位和中央水库的功能，开发空气质量、河流水质，尤其是饮用水源地自动信息监测系统，以及污水、废气等与环境有关的信息自动监测系统。

6. 推进工业园区转型升级

基于秦巴山脉区域的资源分布特点，梳理现有工业园区情况，准确定位各工业园区功能，从秦巴山脉区域整体出发，进一步优化工业园区布局，推动工业园区布局向集约高效、协调优化、集中承载转变；完善工业园区基础设施，推广普及工业园区内能源、资源循环系统建设，实现废水、废热、废渣在工业园区内可循环利用；完善工业园区互联网设施，利用移动互联网、物联网、云计算、大数据等设施，建设智能化园区；以工业园区为载体，发挥龙头企业引领作用，促进产业在工业园区集聚发展。

3.1.3　积极打造优势产业集群

从秦巴山脉区域资源禀赋和工业基础来说，其优势产业主要是清洁能源产业——包括石油天然气、水电、新型油气化工等；装备制造业——包括汽车及零部件、机床工具、工程机械等；载能产业——包括农林特产加工业、矿产深加工业等。这些产业是秦巴山脉区域的优势产业，需要进一步做大、做强，成为引领区域经济发展的牵引力量。做大、做强优势产业的主要措施包括如下几个方面。

一是加大重要优势产业投入。通过招商引资，吸引东部地区对秦巴山脉区域优势产业的投入，增强实力，延长产业链，提高质量效益。

二是实施龙头企业和名牌带动战略。支持龙头企业进行重组、兼并、引进、收购，重点支持一批产值高、带动作用突出的龙头企业发展，在资金、技术、信息等方面给予倾斜，使之成为优势产业集群的核心主体，发挥其在培育发展优势产业集群中的龙头作用和集聚带动效应，使之逐步衍生和吸引更多相关企业集聚。不断通过创新立群、质量立群和信用立群，着力培育、优化和提升优势产业集群整体形象，塑造区域品牌，企业品牌。

三是强化龙头企业产业链建设。加速优势产业龙头企业强强联合与重组，打造产业集群的内核，充分发挥其示范、辐射和带动作用。鼓励龙头企业将配套件及特定的生产工艺分离出来，在集群内培育一批专业化配套企业，进而提高配套率。充分发挥中小企业的作用，鼓励民营企业积极参与国企改革与重组，为产业集群的发展培育健康而富有活力的微观主体。依靠市场的力量实现资源的优化配置，大力开展产业链招商，通过产业链直接为投资者提供市场，提供原材料和中间产品；降低企业交易成本，降低投资风险，提高资金回报率，吸引企业集聚形成产业集群。

产业集群是工业发展进程中出现的重要的经济形态。加快产业集群发展是加快秦巴山脉区域资源整合，提高专业化水平，增强工业企业核心竞争力的有效途径。秦巴山脉区域目前虽已形成了汽车制造、能源化工、航空航天、有色金属、能源电力、机床工具、工程机械、电子信息、食品饮料、轻工纺织、生物医药等10多个优势产业集群，但论实力、优势，仍与国内较发达地区存在不小差距，需要在扩大规模效益、增强配套能力、健全支撑体系等方面进一步下功夫、花力气、着力打造。

3.1.4 全力推进工业园区转型升级

国内外工业园区发展的成功经验表明，工业园区能够有效集聚资源，带动关联产业发展，是推进新型工业化的重要途径。秦巴山脉区域工业发展的重要载体和龙头就是工业园区，其在区域经济发展中具有举足轻重的地位和作用。秦巴山脉区域必须把推进工业园区转型升级作为工作发展的得力抓手和重要途径，要努力做到三个"着力"。

1. 着力优化工业园区布局和基础设施建设

着眼秦巴山脉区域整体发展，以绿色循环发展为要求，重新审视工业园区布局和建设。依据实际情况和秦巴山脉区域工业发展目标，进一步优化工业园区布局，大力推动秦巴山脉区域工业发展向集约高效、协调优化、集中承载的布局转变；重新确定各个工业园区的产业发展方向和重点，避免同质化竞争，向实现优势互补、错位发展、提高特色、增强效益推进。持续完善工业园区水、电、路、暖、网等基础设施建设，普及推广工业园区能源、资源循环利用系统，将废水、废热、废渣等废弃资源变废为宝，加以充分利用，成为循环发展园区；积极改善工业园区交通运输网，提高产品对外输出能力；完善工业园区互联网设施，大力引进利用互联网、物联网、云计算、大数据等设施，建成智能化园区，形成工业园区内企业互联网全覆盖，加快工业园区和企业转型升级；完善工业园区公共服务设施，构建层次化、标准化、立体化、公益化的保障服务体系，有效提高工业园区教育保障和宜居环境水平。

2. 着力提升工业园区发展能力

重点在于：优化产业结构，突出主导产业，拓宽产业发展空间和发展水平；提升创新驱动能力，强化公共技术平台建设，鼓励企业加快技术改造，积极引进先进技术企业，加强产学研用联合，提高科技创新能力，实现科技创新驱动发展；提高培育新产业能力，积极创建新业态，将特色产业转变为优势产业，将优势产业转变为支柱产业，让新兴产业成为发展主体；增强工业园区融资能力，大力创新融资方式，积极开辟融资途径，有效采取PPP（public-private partnership，公共私营合作制）等新的融资模式，推进工业园区现代化建设。秦巴山脉区域要以创建国家级、省级新型工业化产业示范基地为抓手，大力推进产业园区外延扩张和内涵提升，推动产业园区特色化发展，加快形成特色鲜明、产业互补、错位发展的产业园区发展格局；加强扶持县域工业园区建设，使其成为做大、做强中小企业和非公有制企业的主要基地；对无条件创办工业园区的县，可采取"飞地"模式，在条件较好的县创办"飞地"园区，"飞进飞出"两县展开紧密合作，以达到合作共赢、共同发展之效。

3. 着力强化工业园区间协同发展

必须做到三个重点。

一是重点加强工业园区内协同发展。加快建立健全有偿资源合作平台，形成有形资源和无形资源的合作共享机制，促进企业间协作共赢，逐步完善、提升工业园区内产业链条，优化企业文化，精细经营理念，全面提升工业园区整体综合素质，推动工业园区内部高度协同发展。

二是重点加强工业园区间协同发展。大力推进国家级、省级工业园区向县级工业园区实施对口援建、资本输出、技术合作、股份合作、项目对接等，积极向县级工业园区输出经验、输出管理、输出品牌、提供咨询服务等，有力促进县级工业园区转型升级发展。

三是重点加强工业园区管理模式创新。进一步推进工业园区体制、机制创新，推动工业园区管委会把主要精力放在制定规划、建章立制、加强监管、维护公平竞争的环境优化上，逐步将工业园区建设、招商引资、经营管理等委托给市场主体，以降低行政成本，提高发展活力，加快从行政主导型向市场主导型管理体制转变；优化工业园区内部管理结构，建立精干高效的管理架构，提高管理人员素质，提高办事效率，提高优质服务水平，加快建成服务型工业园区，成为引领区域经济社会发展的重要支撑。

3.1.5　竭力推进产业融合发展

目前，融合发展已成全球发展的重要趋势。秦巴山脉区域推进新型工业化发展，必须竭力强化产业融合发展，走出一条崭新的发展之路。

1. 推进"两化"深度融合发展

坚持以信息化带动工业化，以工业化促进信息化。推进"两化"深度融合发展，是加快秦巴山脉区域绿色循环工业发展的必由之路。秦巴山脉区域应坚持"改革引领、创新驱动、跨界融合、协调推进"的原则，充分发挥移动互联网、物联网、云计算、大数据等新一代信息技术的先导作用。

首先，立足存量调优。加快以数字化、网络化、智能化为核心的技术改造，努力建设软件定义的智能工厂，发展数字驱动的先进制造，大力促进传统产业转型升级，推进产品研发、设计与创新的信息化，深化信息技术向汽车配件、专用设备、家电等领域渗透融合，提高传统产品信息技术含量和附加值，使传统产业焕发青春。

其次，着眼增量调强。大力培育基于互联网的新产业、新技术、新业态、新模式，加快构筑以平台为支撑的新型产业生态体系，重塑新常态下秦巴山脉区域工业转型升级新动力，大力发展汽车电子、机床电子数控电子、电子商务、电子银行、网络金融服务，加快动漫游戏、数字媒体等新兴产业发展，为打造"创新秦巴、创业秦巴、创客秦巴"提供有力支撑，以实现智能制造水平不断提高、新业态不断涌现、新模式加速演进、智能装备产业跨越发展、新型产业生态逐步加快形成的目标。

最后，着力研发创新。大力促进信息技术与产业链各环节融合，以信息化提升制造业的技术能力、研发能力和管理能力为基础的各环节之间的衔接和匹配，推动产业链整体技术同步提升，并充分利用信息化对技术创新、扩散、传播的优势，利用信息网络平台开展企业间共性技术研发的合作，强化研发能力，提升研发水平，缩短创新周期，降低创新成本，提高创新质量效益，走出一条符合秦巴山脉区域绿色循环发展实际，适应信息时代产业发展趋势的互联网工业发展新路。

2. 推进工业化和城镇化融合发展

坚持产城一体融合发展，是加快秦巴山脉区域绿色循环发展的必由之路。特别是城镇化发展，是建设"美丽富裕秦巴"的关键。城镇化发展要体现以人为本，与工业化发展相融合，做到产城一体、城乡一体，着力做好"转、治、建、宜"四篇文章，努力实现产业结构变"轻"、发展方式变"绿"、经济质量变"优"、生态环境变"美"，推进秦巴山脉区域工业化和城镇化融合发展，走出一条新路。

转：实现绿色发展。坚持工业化和城镇化相融合，使秦巴山脉区域走出"四化五转"的新路子。"四化"即推进城镇发展产城化、传统产业高新化、新兴产业规模化、特色产业集群化；"五转"即从产业单一主导向多元主导的产业结构优化转变，从简单粗放式增长向高技术、高附加值的精深加工转变，从分散的经营模式向联盟合作转变，从依赖资源的传统工业为主向传统工业与新型工业并举转变，从单一工业化为主向工业化和城镇化融合发展转变。

治：确保绿水青山。集中精力、集中力量、集中资金、集中技术优先搞好秦巴山脉保护，坚持在保护中求发展，突出对重点区域、重点行业、重点企业、重点项目进行整治，通过源头预防、过程阻断、清洁生产、末端整治四个方面，实现"绿水青山"。

建：打造绿色产城。发展城镇化，一定要坚持产城一体化，积极构建功能互补、产业突出、相互融合、错落有致的城镇与工业深度融合的绿色产城体系，走统筹城乡发展、产城协调发展的新型城镇化路子。

宜：建设宜居、宜业、宜游特色小城镇。从秦巴山脉区域特色优势出发，加快建设特色小城镇，使之宜居、宜业、宜游，使秦巴山脉区域城镇乡村尽染绿色、生机盎然、空气清新、特色鲜明，城在林中、镇在画中、人在绿中、游在景中，水清山静、林美石奇，构成一幅幅美妙的宜居、宜业、宜游的生态图、风景画。

3.2 重大工程

为了确保秦巴山脉区域工业绿色循环发展有效推进，不断跃上新的征程，必须着力实施以下八大工程。

3.2.1 产业结构调整优化工程

聚焦调整转型，把资源禀赋作为定位器，把市场作为导航灯，坚决调、果断转，追求绿色优化、蓄势待发，提质量、增效益，做好"加减乘除四则运算"，以通过调整优化秦巴山脉区域产业结构达到工业绿色循环的目的。

加法，就是用战略眼光去发现和培育新增长点。要鼓励秦巴山脉区域企业家多些大局观，放开眼界，从新型工业化、信息化、城镇化、农业现代化之中去寻找新增长点，更快、更好地培育战略新兴产业，重点发展高端装备制造业、新一代信息技术产业、生物产业、新能源产业和新能源汽车等。

减法，就是加快淘汰落后过剩产能，坚决淘汰规模小、工艺技术落后、能源资源消耗大、污染严重、治理不达标、破坏生态环境的落后产能，对于钢铁、有色、化工、建材等传统产业，以及经过技术改造仍然达不到国家有关标准和清洁生产标准的生产装置，坚决转型升级或停产拆除。

乘法，就是大力实施创新驱动战略，全面推进科技、管理、市场、商业模式创新。要大力推动新一代信息技术和工业生产技术深度融合发展，促进工业互联网、云计算、大数据的应用，着力发展智能装备和智能产品。加快发展生产服务业，重点是研发设计、第三方物流、信息技术服务、节能环保服务、检验检测认证、电子商务、售后服务和品牌建设。

除法，就是扩大分子、缩小分母，通过节能降耗技术改造，采用先进工艺技术装备，降低生产成本，着力提高劳动生产率和资本回收率。

3.2.2　科技创新驱动推进工程

科技创新是全面创新的核心，是经济社会发展的重要引擎。秦巴山脉区域要转变经济发展方式，加快绿色循环发展，推动经济发展转型升级，提质增效，增强产业竞争力，要走科技创新驱动发展之路，加快建成创新型区域。

一要加快建立工业园区科技创新平台。以"人无我有、人有我优、人优我强"的原则，加快工业园区科技创新平台和科研基础设施建设。优质周到地为工业园区企业提供共性技术、科技资源、公用设施、知识产权、教育培训等方面的支撑服务，并依据工业园区企业发展要求，不断加大投入，努力提升平台服务功能。通过利用云存储、云计算、大数据等现代信息技术加强服务平台建设，为工业园区企业提供更加安全便捷和随需应变的良好服务，增强科技服务平台服务水平。在此基础上，进一步构建以企业为主体、高校科研院所广泛参与、产学研紧密合作的若干个秦巴山脉区域科技创新服务平台，实行联动共建、利益共享、风险共担，形成企业主动、市场拉动、环境助动、政府推动的运行机制，不断增强秦巴山脉区域科技创新动力。整合秦巴山脉区域内高等院校、科研院所和优势企业的技术资源，深入开展应用创新和产品研发，改造传统产业，培育新兴产业，做强优势产业，做优特色产业，以增强经济实力。加快建设秦巴山脉区域中药现代化研发中心、矿产资源综合利用研究院和农林畜特色产品研发中心等科技研发机构。

二要大力提升企业创新能力。这主要需从两个方面发力。一方面，鼓励秦巴山脉区域外高校和科研机构到区域内建设各类技术合作平台，鼓励和吸引国内外知名研发机构和技术转移中心到区域内设立分支机构，并给予其必要的支持和奖励，以增强秦巴山脉区域企业科技创新能力。另一方面，大力扶持秦巴山脉区域内有条件的企业与高校、科研机构合作，建立重点实验室、工程技术研发中心、技术检测中心、技术认证中心、博士后流动站等技术创新载体，支持企业与科研院所建立技术联盟、共建创新基地，运用各种形式积极开展优势产业的原始创新、现有技术的集成创新、引进技术的消化吸收和再创新，研发共性关键技术和新产品，积极进行新技术推广，从而增强企业创新能力。

三要着力增强企业创新活力。充分利用秦巴山脉区域内各类产业发展基金、科技攻关计划经费、产业技术研发资金、科技型中小企业技术创新基金等资金，组织区域内企业积极申报国家、省、市科技重大专项项目，以科技重大专项项目带动企业和社会投资，推动企业科技创新发展。对承担国家科技重大专项、科技惠民专项等重大科技创新项目的企业，要给予足够的配套性奖励性支持。鼓励企业积极参加秦巴山脉区域内统一组织的国内外展示展销会，开展各类经济技术交流活动。支持企业、协会、产业联盟承办区域内安排的各种论坛、展会、洽谈会，积极开展成果展示、技术转移、项目洽谈、资本对接等经济技术活动，并根据规模、成效、影响给予其适度补贴或奖励。

3.2.3　工业企业准入工程

国家制定了工业企业的准入条件。秦巴山脉区域作为一个特殊区域——国家中央公园、华夏"绿肺"，要保护其生态环境免受破坏，实现绿色低碳循环发展，就必须对工业企业的建设项目在执行国家准入条件的基础上提出更高、更严的要求，制定秦巴山脉区域各行业的准入条件，大力实施工业企业准入工程。

第一，对于秦巴山脉区域内无资源优势的高消耗、高能耗、高排放、高污染企业，以及对秦巴山脉区域生态环境会造成破坏性影响的产能过剩项目要坚决拒入、不允许其建设。已有的企业或项目要尽快淘汰，坚决清除。

第二，在秦巴山脉区域虽有一定的资源，但是国内资源不短缺或国内资源虽不丰富但可以进口的矿产开采加工业，原则上也不能在秦巴山脉区域建设。

第三，生产工艺技术和"三废"（废水、废气、废渣）治理技术达不到国际先进水平的工业企业项目，要限制在秦巴山脉区域建设。

第四，积极鼓励发展在秦巴山脉区域有资源优势且无污染、技术先进的绿色产业、低碳产业、可循环利用的高附加值产业，如现代中药、信息技术、新能源、秦巴山脉特色农林畜产品加工等产业。

3.2.4　品牌质量创建工程

质量是兴业之本，是品牌创立之基。坚持以质取胜是引领秦巴山脉区域工业快速发展，促进企业做大、做强的根本路径。为了落实以质量为核心，以质量树品牌，实施品牌带动战略，促使秦巴山脉区域产品在激烈的市场竞争中立于不败之地，秦巴山脉区域必须大力实施品牌质量创建工程。

第一，大力进行技术改造和设备提升。积极采用先进的工艺技术和优良的装备，高效生产秦巴山脉区域产品，以确保产品高质量、高水平。

第二，建立健全产品质量管理体系。深入推广先进的质量管理办法，实行分级严管，实行质量追究责任制，确保产品质量。

第三，制定科学严密的质量标准。以质量标准为依据，严格加强产品质量控制、质量诊断、质量检测和质量培训，以确保产品质量过关。

第四，强化质量创新。通过科技创新、机制创新和管理创新，不断提高产品质量。

第五，强化企业质量、品牌意识。大力推动秦巴山脉区域品牌建设，培育著名秦巴山脉区域品牌产品。同时，加强品牌宣传，提高秦巴山脉区域品牌在市场上的知名度和美誉度，使之家喻户晓。

第六，强化品牌质量建设保障机制。加强秦巴山脉区域各地区的通力协作，建立健全各部门推进质量品牌建设的长效机制，促使品牌质量创建工程真正落到实处、"开花结果"。

经过品牌质量创建工程，争取到2030年，秦巴山脉区域内产品质量有极大的提高，产品质量达到国内中上游水平，秦巴山脉区域品牌产品成为国内优秀品牌、国际知名品牌。

3.2.5　关键技术打造工程

在区域发展中，有一些关键技术仍然制约着秦巴山脉区域工业绿色低碳循环发展，秦巴山脉区域必须花大力气进行有成效的科技攻关、技术创新、装备提升，使生产水平不断跃上新台阶。

实施秦巴山脉区域关键技术打造工程，建立完善的关键技术支撑体系，主要包括以下几个方面。

（1）中药现代提取技术和中药有效成分的应用技术，临床优势突出、疗效确切的创新中药和制剂的制备技术，以及中药加工后的"三废"资源化利用技术；秦巴山脉区域优势产品黄姜完整提取加工的清洁生产技术。

（2）利用秦巴山脉区域特色农林畜产品加工生产新食品、新饮料、新产品等技术，农林畜产品综合加工及副产物和废弃物资源化利用技术。

（3）低品位矿、共（伴）生矿、难选冶矿、尾矿利用的绿色开采选矿技术、冶炼技术和综合利用技术，以及深加工生产特种合金材料的技术，主要有铅锌矿、镍矿、钒矿、黄金矿、钼矿等。

（4）沼气的规模化生产和沼渣、沼液的综合利用技术，高效利用秸秆等废弃物生产纤维素乙醇燃料的技术，利用秦巴山脉区域生物质资源生产清洁能源的技术。

（5）建材、钢铁、有色、轻纺、石化等传统产业，主要研发适合现有生产装置特点的节能、节水、减排、"三废"综合利用等技术，现有装置实现清洁生产、绿色生产、资源化循环利用技术等。

（6）适合区域特点的光伏发电、风电、生物质发电的装备和生产技术。光伏发电、风电、生物质发电和水电等清洁能源在偏远区域独立建设、联合运行的智能化技术，以及太阳能的多元化应用技术，等等。

（7）利用秦巴山脉区域矿产资源优势，生产与新能源汽车配套的新型动力电池技术等。

3.2.6　"两化"融合深化工程

工业化和信息化的深度融合是秦巴山脉区域转变经济发展方式，促进产业转型升级，走绿色、低碳、循环发展的必由之路。实施"两化"融合深化工程，主要包括四个方面。

（1）建设秦巴山脉区域工业云服务平台、工业大数据服务中心及第三方大型电子商务和物流平台，提高秦巴山脉区域产业的信息化技术含量、网络化和智能化水平。

（2）实施产业集群和工业园区的"两化"融合，立足解决产业集群和工业园区的共性需求、瓶颈问题和关键环节，建立企业集群和工业园区"两化"融合服务平台，更好地为企业集群和工业园区发展服务。

（3）建立企业产品研发、生产制造、经营管理等过程的信息共享和业务协同平台，提高企业信息化管控水平。实施信息化技术与环境友好技术、资源综合利用技术和能源资源节约技术的融合发展，促进形成低消耗、可循环，低排放、可持续的产业结构和生产方式。推动工业产品、关键装备、流程管理的智能化，实现产业链向高端跃升。以信息化创新研发设计手段，提升企业自主创新能力。推动企业管理信息系统的综合集成，加快建立现代经营体系，建设统一集成的管理信息平台。

（4）培育发展支撑两化融合的生产性服务业。促进工业电子、工业软件、工业信息化服务与企业相结合，培育"两化"融合的新兴业态。

3.2.7 扶贫脱困推进工程

秦巴山脉区域由于交通不便，环境恶劣，经济发展滞后，到2020年全面建成小康社会，还有300多万贫困人口需要扶贫脱困。为此，秦巴山脉区域必须建好扶贫脱困工程，努力做到精准扶贫、精准脱贫。从工业发展的角度，扶贫脱困推进工程的重点是要做好产业扶贫。立足秦巴山脉区域的资源禀赋、产业基础和资源优势特色，以工业化的方式，因地制宜地培育发展秦巴山脉区域特色优势产业，重点搞好中药材的种植与加工；各种无污染绿色小杂粮、食用菌、油料作物、茶叶、核桃、板栗、水果、烟草、蔬菜及苗木、花卉等的种植和加工；各种畜牧产品、水产品和特种动物的饲养和加工等；各种特色化的旅游产品和手工艺品的加工和生产。确保贫困人口在特色产业发展中获得实实在在的利益，达到脱贫致富的目的。

3.2.8 "双创"发展促进工程

"双创"就是大众创业、万众创新。"双创"是经济发展的强大推动力。它对于推动经济结构调整优化，打造发展新引擎，增强发展新动力都具有十分重要的意义。实施"双创"发展推进工程，是秦巴山脉区域工业绿色循环发展的必由之路。

（1）加快构建一批"双创"空间。重点依托秦巴山脉区域内科技企业新型孵化器、小企业创业基地、高校科研院所等，着力构建众创空间、创业咖啡、创新工场等新型开放的"双创"孵化载体平台，努力打造一批低成本、便利化、全要素、开放式的新型众创空间，以实现创新、创业相结合，以创业促创新，以创业促就业，以创业促发展。不断激发秦巴山脉区域创新、创业活力，区域内工业园区要成为"双创"的孵化载体，为广大创新、创业者营造良好的生态发展环境。

（2）大力培育创业创新企业。围绕秦巴山脉区域传统产业的转型升级，战略新兴产业的培育壮大，农林畜产加工、中药现代化和新能源等优势产业的加快发展，大力实施"互联网+"行动计划，努力培育创新产业新业态，发展创业创新企业，不断提升其创新能力，使之成为秦巴山脉区域工业绿色循环发展的生力军。

（3）竭力激发人才"双创"活力。积极在秦巴山脉区域内实施大学生创业引领和创新实验计划，建立导师、高校、机构和政府多层次大学生创业资助体系。鼓励高校建立健全大学生"双创"培训机制，搭建大学生创业投融资、交流与服务平台，落实支持大学生创业的税费减免、创业补贴和小额担保贷款政策。同时，大力支持高校院所、企业科技人员创业创新和转化科技成果创办企业，最大限度释放人才红利。加大人才引进培育力度，采取各种有效措施，积极引进国内外高端人才和团队到秦巴山脉区域创业创新，促进秦巴山脉区域经济加快发展。

（4）强化"双创"优质服务。加快建立市场主导、政府支持的"双创"服务体系，不断提高"双创"服务水平，激发秦巴山脉区域"双创"活力。建立健全"双创"指导服务机构，建立高素质创业教育和创业培训的师资队伍，不断壮大创业创新人才队伍。运用现代信息技术，建设"双创"云服务平台，推进面向秦巴山脉区域的互联网融合创新服务平台建设，积极扩大政府服务空间，为到秦巴山脉区域"双创"者提供政策咨询、项目推介、开业指导、融资服务和补贴发放等"一站式"服务。构建开放、共享、互动的创新网络，支持使用公共科技资源进行科技创新，充分利用各地科技创新平台，积极向"双创"主体无偿开放，良好实现科技资源共享，有效打造秦巴山脉区域"双创"新生态、新产业、新环境、新氛围，为推进秦巴山脉区域工业绿色循环发展注入强大新活力、新动力和新能量。

（5）积极培育"双创"文化。不断丰富秦巴山脉区域创业创新活动，支持创业孵化机构举办地方创业沙龙、创业论坛、创业大讲堂、创业训练营等活动，为创业者提供创业指导，对机构开展的培训活动给予适当补助。建立创业辅导制度，鼓励拥有丰富经验和创业资源的企业家、天使投资人和专家学者担任创业导师，为创业创新引导、引路。建立秦巴山脉区域"双创"政策联动机制，设立专项资金，加大必要投入，不断优化创业创新环境，促使"双创"不断进入新境界，创造新业绩。

3.3　重要基地

大力实施"大企业引领、大项目支撑、集群化推进、园区化承载、创新化提高、绿色化发展"的工业发展战略，推进要素集聚、产业集约、企业集中、"两化"融合，围绕资源禀赋、重点产品实施产业化和公共服务平台建设项目，努力创建一批经济效益好、产业优势突出、辐射带动力强、"两型"①特征明显，具有国际先进水平、国内领先地位和优势突出的绿色产业基地，支撑引领秦巴山脉区域绿色低碳循环发展。秦巴山脉区域应集中力量，着重打造以下产业基地。

3.3.1　打造国际先进水平的产业基地

1. 航空产业基地

位于陕西汉中的陕飞集团是我国唯一研制设计和生产大中型运输机的国有现代化航空骨干企业，实力雄厚，人才济济，拥有亚洲最大的飞机组装厂和配套齐全的航空专用大型设备，具有研发生产飞机新产品的能力。秦巴山脉区域应依托陕飞集团，扩大运输机生产规模，加大技术改造力度，优化布局，增强飞机综合加工和科技创新能力，发展上下游配套等相关产业。在此基础上，秦巴山脉区域要构建汉中航空产业集群，把汉中建成具有国际先进水平的运输机生产和通用飞机制造及航空机载设备和系统等配套产品的航空产业基地。

2. 数控机床产业基地

陕南汉中市的汉川机床集团有限公司是我国机床行业集产品研发、设计、制造、销售、服务为一体的重点大型骨干企业，是国家精密数控机床生产基地，拥有先进的加工设备和强大的加工能力，有一支高水平的科技和职工队伍。秦巴山脉区域应依托汉川机床集团有限公司，扩大生产规模，增加数控机床品种，研发生产高档数控机床，提高企业信息化、智能化水平，发展上下游配套产品，形成绿色循环产业集群，建成汉中高档数控机床生产基地。

---

① 资源节约型和环境友好型。

3. 清洁能源产业基地

秦巴山脉区域应利用阳光、风力、水力、生物质及天然气等资源，因地制宜地发展太阳能光伏发电、风电、水电、生物质能发电及沼气、天然气等清洁能源，建设秦巴山脉区域清洁能源产业基地。

（1）充分发挥秦巴山脉区域生物质资源丰富的优势，利用农林废弃物和生活垃圾等建立原料收集体系，建设生物质能发电站。采用先进的生物质能发电技术和设备，建设适应不同生物质特点的生物质能发电示范工程。

（2）建设用户侧分布式并网太阳能光伏发电系统，鼓励在有条件的城镇公共设施、商业建筑和工业园区的建筑屋顶安装光伏发电系统。在秦巴山脉区域的偏远乡镇推广独立光伏电站、用户光伏发电系统。

（3）加强风能资源勘探，采用先进风电技术和设备，扩大风电开发规模，开发建设分散式风电站。

（4）在保护秦巴山脉区域生态的前提下，充分利用秦巴山脉区域的水能资源，实现梯级开发，建设一批水力发电站。

（5）充分发挥风电、小型光伏发电、水电、生物质能发电等在季节、天气、地域上的互补作用，建设智能电网，增强多种电源联合运行能力。

（6）充分利用规模化畜禽养殖场废弃物和工业有机废水、城市污水等原料，采用先进的规模化沼气生产成套设备、中高温高效沼气厌氧发酵成套装置、净化设备和集中供气成套设备生产沼气，有条件的地区可以将沼气送入天然气管网，或将净化后的沼气经过压缩罐装，以罐装沼气的方式向周边居民提供清洁生活燃料。

（7）加大天然气的勘探和开发力度，扩大开采规模，加强秦巴山脉区域内天然气管网建设，形成覆盖面广的管道网络，逐步实现秦巴山脉区域天然气化。

3.3.2　打造国内领先地位的产业基地

1. 汽车及零部件产业基地

位于十堰的东风汽车有限公司，是集科研、开发、生产、销售于一体的国有汽车骨干企业，拥有全系列商用车、乘用车、特种车及零部件和汽车装备等的生产能力，销量达到300余万辆，位于同行业前列。商洛比亚迪实业有限公司建有太阳能电池生产线和汽车安全气囊及气体发生器生产线，其产品与比亚迪汽车配套。因此，秦巴山脉区域应紧密依托东风汽车有限公司和商洛比亚迪实业有限公司，在十堰、襄阳、商洛建设汽车及零部件产业基地，创新研发生产各种新型节能汽车，发展与汽车生产配套的上下游产业链，建设扩大新能源汽车的生产规模，建成位于全国汽车行业前列的汽车、新能源汽车及零部件生产基地。

2. 新材料产业基地

秦巴山脉区域应充分发挥矿产资源丰富的优势，在已开采矿产资源的基础上，采用先进的熔炼、凝固、成型、气相沉积、型材加工等新材料制备关键技术和装备，生产高纯度的钼、镍、钒、锰、锌、铝等金属材料，同时加大延伸产业链，大力研发生产新型特种合金材料、特种金属功能材料、高性能结构材料等；利用硅石、陶土等非金属矿产资源，研发生产单晶硅、多晶硅、特种玻璃、功能陶瓷等新功能材料，将秦巴山脉区域外围的万州、洛阳栾川、三门峡、渭南金堆城等建成重要的新材料生产基地。

3. 新型化工产业基地

秦巴山脉有丰富的天然气、磷矿、岩盐和萤石等资源。四川达州、重庆万源、汉中镇巴等地的天然气，湖北襄阳的磷矿，河南叶县的岩盐和陕西商洛的萤石开采已初具规模。秦巴山脉区域已经建成瓮福达州磷硫化工基地、襄阳磷化工循环经济产业园、重庆万州经济开发区盐气化工园、达州化工产业园、镇巴天然气基地，形成了天然气化工、磷硫化工、盐化工、氟化工产业，建设了磷酸、磷铵、合成氨、尿素、氯碱、氢氟酸等系列化工装置。秦巴山脉区域应依托现有化工产业基础，发展新型化工产业，重点对已建化工装置进行节能减排技术改造，综合利用资源，完善循环产业链，根据市场需求适度扩大生产规模，延伸产业链条，发展高附加值深加工产品，建设资源综合利用的绿色循环低碳化工园区。

4. 高技术电子产业基地

位于天水麦积区的天水华天电子集团股份有限公司，是从事功率半导体器件封装测试的国家高新技术企业，也是第一批国家鼓励的集成电路企业。四川广元经济技术开发区是国家先进电子产品及配套材料的高新技术产业化基地，位于其中的零八一电子集团有限公司是生产配电变压器、特种电源、微波器件和传感器等电子元件的高新技术企业，其产品在军工和民用电子信息产业等诸多领域被广泛应用，具有雄厚的技术实力和较高的工艺水平。秦巴山脉区域可依托天水华天电子集团股份有限公司、四川广元经济技术开发区，扩大生产规模，增加电子信息产品新品种，延伸产业链，开发电子元器件和集成电路，发展为军工产业配套的电子产品，同时进行企业信息化改造提升，打造秦巴山脉区域高新技术电子产业生产基地。

3.3.3　打造优势突出的绿色矿产加工基地

1. 有色金属产业基地

秦巴山脉有丰富的有色金属矿产资源，钼、钛、钒、铅、锌、铝等金属产品在国内有一定的市场和影响力。在洛阳栾川、渭南金堆城等地已建成位于国内前列的大规模钼业生产基地，宝鸡凤太地区的铁合金加工和铅锌矿开采、河南三门峡铝土矿的开采也已初具规模。秦巴山脉区域应依托这些已开采的金属矿，进行整合和技术改造，采用先进的熔炼和型材加工等新技术和装备，生产金属材料并进行深加工，对尾矿进行综合利用，将洛阳、渭南、宝鸡、三门峡等地建成秦巴山脉区域有色金属产业基地。

2.黄金产业基地

秦巴山脉有丰富的黄金矿产资源，河南灵宝、陕西潼关、四川广元、甘肃陇南等地均有一定的黄金产量，在全国黄金生产中位于前列。秦巴山脉区域应对黄金产业逐步进行整合、兼并、重组，对黄金开采、选、冶进行绿色化改造，并进行科学优化布局，严禁乱采乱挖，建设秦巴山脉区域黄金产业基地。

3.3.4　打造特色鲜明的消费品产业基地

1.富硒食品饮料产业基地

秦巴山脉区域的陕西安康、汉中西乡、重庆万源和四川达州等地的水、土壤中含硒资源丰富，其生产的富硒粮油、富硒茶叶、富硒矿泉水、富硒干鲜果、富硒食用菌、富硒肉食等产品已初具规模；百余个富硒现代农业园区已经形成，秦巴山脉区域已成为国内知名的富硒食品产地，其富硒产品深受人们的喜爱，市场前景十分广阔。秦巴山脉区域应依托现有富硒产业基础，充分发挥富硒资源优势和地方特色，将陕西安康、汉中，重庆万源和四川达州等地打造成全国重要的富硒食品饮料产业基地：一要建设规模化的富硒粮油、茶叶、干鲜果、食用菌、生猪、魔芋等种植、养殖生产基地；二要不断修订和完善富硒产品质量标准体系；三要建设富硒产品研发平台，不断开发富硒食品新品种、富硒功能产品、富硒保健品、富硒饮料和富硒食品添加剂等，以及研发生产工艺技术和装备，以提高富硒食品生产水平，大力促进其规模化、效益化、集群化发展；四要打造富硒产品名牌，实施富硒产品品牌战略；五要实施富硒产品"互联网+"行动计划，建立电子商务平台，把富硒产品推向全国、推向世界。

2.绿色有机食品产业基地

绿色有机食品产业作为朝阳产业，市场前景十分广阔。秦巴山脉区域有非常优越的自然环境和丰富的农林畜产品资源，符合绿色循环发展的要求，具有建立绿色有机食品产业基地的突出优势，有利于将自身打造成有机蔬菜、粮油、茶叶、水果、食用菌、禽畜产品和水产品的绿色产业基地。为此，秦巴山脉区域需要从四个方面着力。

（1）着力建设高水平的绿色有机食品生产原料基地，规范生产标准，不施用化肥、农药，推广使用有机肥和生物农药等。

（2）着力提高绿色加工水平，加工生产过程实现有机化，不使用化学防腐剂等添加剂，实行生产全过程的跟踪监管，严格执行绿色有机食品质量标准。

（3）着力提高规模效益，大力培育龙头企业，使绿色有机食品实现产业化、规模化生产，不断增强经济效益。

（4）着力实施品牌战略，把品牌建设作为发展绿色有机食品产业的核心和关键，大力进行培育和宣传，使秦巴山脉区域绿色有机食品享誉国内外。

3. 现代中药产业基地

秦巴山脉区域有丰富的中草药资源，是我国著名的中药材库，有许多适宜生产的中药材驰名国内外。因此，秦巴山脉区域需要充分利用优势突出的环境和条件，扩大标准化中药材种植规模，增加地道中药材产量，为中药现代化发展提供原料保障。在此基础上，秦巴山脉区域应大力提高中药现代化生产能力和水平，推进中药饮片、中药提取物深加工，采用先进技术生产高质量的重要提取物，研发复配中药颗粒，创新临床疗效突出的中药新品种，积极研发中药在保健品、化妆品、兽药、农药生产中的广泛应用，发展相关产业。秦巴山脉区域应集各方力量，努力建成全国知名的现代化中药产业基地。

4. 丝绸纺织产业基地

秦巴山脉区域的安康、汉中、南阳、南充等地有种桑养蚕的传统，已有丝绸纺织产业基础。因此，秦巴山脉区域需要紧密依托这种资源和产业优势，加快发展丝绸纺织，努力建成丝绸纺织产业基地。

（1）提高丝绸产业技术水平，加大综合开发力度。采用先进工艺技术和新材料，改良提高丝绸质量和印染水平，延伸丝绸产业链，主动适应市场新需求，大力研发丝绸服装等新产品。

（2）为保证丝绸生产原料来源，要不断完善和创新制种、收烘、蚕茧经营管理体制和机制，积极研发和引进优质桑蚕种，发展工厂化养蚕，不断提高蚕茧质量和规模产量，以满足生产需要。

（3）创建秦巴山脉区域丝绸名牌，增加产品出口，不断扩大秦巴山脉区域丝绸产品的美誉度和知名度。

第4章 秦巴山脉区域工业绿色循环发展对策建议

推进秦巴山脉区域工业绿色循环发展是一个战略性、创新性的变革过程，也是一项复杂的系统工程，必须按照党和国家的总体部署，坚持改革创新，坚持统筹规划，坚持在保护中发展、在发展中保护，努力走一条绿色低碳现代产业体系完备、"五化"①同步发展、科技创新驱动、节能环保好、环境污染少、经济效益高的具有区域特色的新型工业化路子。为此，本书特提出如下发展对策建议。

4.1 发展措施

4.1.1 实施倾斜政策，加大工业投资与项目投入

长期以来，秦巴山脉区域工业基础薄弱、生产条件落后的原因，主要是缺少科技含量高、适销对路好的工业项目和投资严重不足。加快秦巴山脉区域工业发展，必须实施倾斜政策，加大工业投资和项目投入。

在国家层面，应组织有关部门进行统一规划，统一部署，统一实施，充分利用秦巴山脉区域的战略地位和区位优势，布局建设一批诸如航天航空、通信设备、信息产业等不影响生态环境的国家重点战略项目。同时，从充分利用秦巴山脉区域自然资源优势出发，加大工业资金扶持力度，开发建设一批绿色优势产业，生产优质畅销产品，增强自身发展能力，尽快脱贫致富，成为国家名副其实的生态安全屏障和美丽富裕的中国"绿脉"。

在地方层面，涉秦巴山脉区域的五省一市政府应责无旁贷地制定规划、选准项目、集中资金对各自所属片区实施倾斜政策，加大重点投入，对具体项目加

---

① 工业化、农业现代化、绿色化、城镇化和信息化。

大扶持力度，狠抓落实，抓出成效，推进秦巴山脉区域市县加快发展绿色循环工业，不断增强"自我造血"能力，建设"美好秦巴"，使秦巴山脉区域成为美丽富裕中国的一张亮丽名片。

4.1.2　调整投资方向，向"富民"产业倾斜

秦巴山脉区域要推进工业发展，就应转变发展理念，及时调整投资方向，应大力向增加就业、扶贫脱困、提高居民收入水平的工业部门投入资金，促使"富民"产业得到更好、更快发展。

第一，加快食品饮料工业发展。实施向农林牧副产品加工业倾斜，加大培育龙头骨干企业，推动农副产品、林产品、畜禽产品、蔬菜果品、茶叶饮料等深度开发，努力提高附加值。

第二，大力发展医药制造业。充分利用秦巴山脉区域丰富的中草药资源，发展生物制药和现代化中药产品。

第三，注重装备制造业提升。利用秦巴山脉区域装备制造业现有的基础，给予其一定的政策倾斜，实现其转型升级发展。

第四，尽力发展信息产业。充分利用秦巴山脉区域现有基础，将信息产业发展推向新的高度，使以信息产业为代表的新兴产业得到更快、更好发展。

第五，应积极承接国内外转移产业。通过"走出去""引进来"，加快秦巴山脉区域工业化、城镇化进程，完善区域合作机制，优化发展环境，尽快形成分工合理、特色鲜明、优势互补、富民强区的现代化产业体系，实现秦巴山脉区域快速、绿色循环发展。

4.1.3　优化产业结构，发展优势特色产业

推进秦巴山脉区域工业绿色循环发展，关键在于调整优化产业结构，培育发展优势特色产业。

一是加快淘汰落后产能和化解过剩产能。对能耗高、资源消耗大、污染排放重、经济效益低的落后产业加快淘汰；对产能过剩的产业，要采取措施加以化解，腾出更多生产要素和环境容量发展绿色特色产业。

二是着力发展优势产业。依托秦巴山脉区域资源禀赋和产业基础，加快发展清洁能源、装备制造、生物制药、新型材料等产业，使优势产业不断做大、做强，逐步成为秦巴山脉区域的支柱产业。

三是重点发展特色产业。秦巴山脉区域农、林、牧、渔资源丰富，发展前景广阔，应充分利用其资源优势，大力发展农林特产、畜渔食品、林下经济、绿色食品、有机饮料、富硒食品等，使特色产业得到迅速发展，既有利于秦巴山脉区

域绿色发展，又有利于群众脱贫致富。

四是着力实施品牌战略，积极引导企业按产品规格、标准要求提高质量，以质取胜，提升效益，拓展市场，增强市场占有率，逐步形成优势特色产业、企业、产品的名牌格局。

4.1.4　转变发展方式，着力内涵式发展

发展秦巴山脉区域绿色循环工业，必须转变发展方式，由过去盲目靠外延扩张式发展为主转变为着力内涵式发展为主。内涵式发展，是一种内部结构优化、潜力效率提升、质量效益提高、经济实力增强的质量效益型发展模式。较之外延式发展，内涵式发展主要靠行业、企业内部改革创新、自身挖潜、苦练内功，主动变要素驱动、投资驱动为创新驱动，通过提高企业科技含量、职工素质和管理水平，实现技术创新、管理创新、制度创新，提升产品附加值和劳动生产率，真正走上绿色可持续的良性发展坦途。

推进秦巴山脉区域工业内涵式发展，应努力做到四点。

其一，深化体制机制改革，大兴企业内部挖潜行动。通过深化改革，调动企业的内涵式发展积极性，加快淘汰落后产能，大兴挖潜改造之风，建立新的发展体制、机制，深化企业兼并重组，不断调动企业各类人员积极性，使企业真正成为走内涵式发展的决策主体、投资主体、挖潜主体和受益主体。

其二，紧依产业链部署创新链，支撑引领产业高端内涵发展。坚持以"转方式、调结构、增效益"为着力点，以产业结构优化升级为驱动力，围绕核心产业链研究部署技术创新链，积极实施"互联网+"行动，着眼于高端化、智能化、绿色化、低碳化、循环化、服务化的发展趋势，集聚技术创新链上的关键环节，取得核心关键技术突破，支撑引领产业加快转型升级，以达到"传统产业改造提升、优势产业做大做强、新兴产业培育壮大、特色产业发展强大"，逐步实现秦巴山脉区域产业的整体化、协调化、科学化、高效化发展。

其三，大力推进变革转型，实施融合发展。积极引导秦巴山脉区域企业、行业利用互联网思维走好内涵发展之路，推动各种要素向企业、行业集聚，转变发展方式，创新发展模式，推进互联网向区域内各领域、各行业、各企业渗透，加快有效融合，以融合推创新、以融合促发展、以融合创新业，不断提升整体发展水平，拓展增强新优势，实现内涵跨越式发展。

其四，加强工业园区内涵式绿色发展，形成和谐共融效应。依托现有工业园区大力选择生态优良项目入园，推进绿色产业集群化发展，并在多个企业间进行生态链接，不断促进开发设计生态化、资源利用高效化、生产过程集约化、污染排放最小化，努力走出一条园区集聚绿色发展、企业结构优化、质量效益提高、实力不断增强的内涵式发展道路。

4.1.5　强化倒逼机制，推动工业绿色循环发展

推动秦巴山脉区域工业绿色循环发展，必须弘扬"优良生态就是生产力、就是竞争力"的理念，坚持生态优先、环保先行，以倒逼机制促进工业转型升级，实现新常态下的科学发展。

一是强化源头控制，严格环保项目准入。应严格遵循国家有关法律法规和产业政策的规定，提高项目准入门槛，杜绝污染项目，从源头上确保绿色发展。

二是强化工程配套，确保环保基础建设。在工业发展中，要像抓大项目那样抓好生态环保，鼓励和支持所有企业重视环保投入，坚持环保建设与经济发展同步推进，环保建设不达标不准投产，从源头上确保生态文明建设落到实处。

三是强化环保执法，从严从重治理环境污染。坚持以更大决心和更强意志向环境污染生态破坏者宣战，做到违法必究、执法必严，切实从执法源头上推动生态环境持续改善。

四是强化制度创新，建立环保长效机制。在推进工业发展中加强生态文明建设，必须建立系统、完整的生态保障制度体系。加快形成环保投入机制，推行排污权有偿使用制度，完善生态补偿机制，采取有效措施，打造天更蓝、水更净、地更绿、山更美的秦巴山脉新区域。

4.1.6　深化体制、机制改革，保障区域协调、协同发展

当前，影响秦巴山脉区域协调发展的一个根本性制约因素就是体制、机制障碍。只有从体制、机制改革入手，才能开启区域协调发展的新进程。唯改革者进，唯创新者强，唯改革创新者胜，唯深化改革开放者赢。要把深化改革、扩大开放贯穿于秦巴山脉区域经济社会发展的各个领域，加速破解难题、协调协同、推动发展，形成改革创新的红利。

一要深化体制改革，坚持打破行政束缚，增强区域间的紧密联系，共谋秦巴山脉区域协调发展。

二要营造干事创业环境，着力健全激励机制和容错、纠错机制，努力营造一个宽松、宽容、和谐的干事创业环境，为改革创新鼓劲，宽容失败、允许试错、有错必改，勇于为改革创新者撑腰，为敢于担当者担当，让广大干部愿干事、敢干事、能干成事。

三要加强区域内部开放，打破区域界限，紧盯"供给侧"，唱响"实体经"，通过产业合作、行业合作、企业合作、园区合作，实现合作共赢，协同推进秦巴山脉区域整体发展。

四要更新发展理念，把秦巴山脉区域看成一个整体，心往一处想，劲往一处使，牢牢树立五大发展理念，认真实践创新发展、协调发展、绿色发展、开放发

展和共享发展，统一思想、统一机制、统一行动，合理分工、优势互补、各有侧重地进行差异化驱动，有效保障秦巴山脉区域协调、协同、协力发展。

4.2 对策与建议

4.2.1 强化组织领导，形成发展合力

推动秦巴山脉区域工业绿色循环发展，关键在于加强组织领导，形成发展合力。因此，本书提出如下建议。

1. 建立国家协调机构，加强统一领导

加快秦巴山脉区域工业绿色循环发展，不仅关系到秦巴山脉区域脱贫致富，全面建成小康社会，而且关系华夏"绿肺"保护，惠及全国人民，在国家发展全局中具有举足轻重的作用，要像国家抓东北振兴、西部大开发，支持新疆和西藏发展那样，成立一个超脱于各省（区、市）利益的国家级协调机构。建议在国家层面成立国务院秦巴山脉区域绿色发展建设委员会，下设秦巴山脉区域工业绿色循环发展协调领导小组，领导小组组长由国务院领导兼任，成员由国家有关部门和五省一市领导组成，领导小组办公室可设在国家发展和改革委员会。领导小组主要负责制定秦巴山脉区域工业绿色循环发展总体规划、专项规划和政策措施，统一组织协调推进秦巴山脉区域工业合作联动发展，及时协调解决发展中出现的新情况、新矛盾、新问题，推进政策落实，确保秦巴山脉区域工业发展有效推进。

2. 建立秦巴山脉区域省级政府联席会议制度，提高自主推进水平

创新组织管理，建立秦巴山脉区域工业绿色循环发展工作省级政府联席会议制度。联席会议视需要召开，每年至少召开一次，召集人由五省一市领导分别担任。联席会议可在国家协调领导小组指导下定期或不定期召开，主要就秦巴山脉区域工业绿色循环发展规划、法规、政策、重大项目、发展举措等事宜交换意见、交流信息、提出建议、做出决定、消除矛盾、解决问题、协调力量、统一措施，推进区域发展。

3. 建立秦巴山脉区域地级市联席会议制度，增强自我协作能力

建立秦巴山脉区域工业绿色循环发展工作地级政府联席会议制度，联席会议

由秦巴山脉区域地级市市长组成，并由其轮流担任联席会议主持人，每年至少召开一次。联席会议每次必须突出一两个重要主题，大家可交换意见，共同研究推进秦巴山脉区域绿色循环发展问题，研究制定统一政策，采取统一措施，协调统一办法，联动推进，协调发展。

4.组建秦巴山脉区域智库联盟，增添汇智促发展效率

智库联盟可由秦巴山脉区域五省一市党政研究部门组成，并每年轮流承担召开1~2次会议，重点就秦巴山脉区域工业绿色循环发展如何加强区域合作、推进产业协同、加大生态保护、实现基础互通等，进行研讨、交流、汇智，形成建设性意见或政策措施，积极向国家、五省一市建言献策，为秦巴山脉区域更快、更好的发展效力。

5.组建秦巴山脉区域产业联盟，提升绿色循环发展能力

秦巴山脉区域产业联盟可由秦巴山脉区域各市县的产业协会和大中型企业参加组建，建立联盟理事机构，形成强有力的组织领导。产业联盟重点研究推进：产业转型升级发展，以创新驱动和协同发展为核心，大力推进秦巴山脉区域绿色循环产业发展；建立产业链延伸对接项目汇集发布机制，推动区域产业错位、特色、互补、循环、绿色发展，引领带动区域工业发展；组织企业开展实质性对接活动，寻求新常态下新的规模、标准、定位，提高核心竞争力；重点建设秦巴山脉区域产业科技园区、发展数据中心和云计算产业，打造汉中、十堰、巴中等市的国家云计算产业基地；积极开展产业基地建设、经贸交流、人才技术和信息技术等方面的交流合作，不断提升区域自我绿色循环发展能力。

4.2.2　制定相关规划，促进有序发展

加快秦巴山脉区域工业绿色循环发展，既是秦巴山脉区域当前脱贫致富的需要，也是整体推进秦巴山脉区域绿色发展的战略期待。因此，建议国家组织有关部门帮助秦巴山脉区域制定相关发展战略规划，以便按照规划，有重点、有步骤、有成效地加以实施推进。有关部门主要应帮助秦巴山脉区域制定以下战略发展规划。

1.工业战略发展规划

秦巴山脉区域长期贫穷落后，主要原因在于工业发展滞后。振兴秦巴山脉区域，必须坚持以科学发展为主题，以加快转变经济发展方式为主线，以"既要金山银山，又要绿水青山"为发展目标，坚定地走创新驱动、内生增长、绿色循环、"两化"融合的新型工业化发展道路。规划应突出的重点如下。

一是产业发展。主要发展哪些绿色产业，将哪些绿色产业发展为优势产业，将哪些绿色产业发展为新兴产业，将哪些绿色产业发展为特色产业，将哪些优势产业发展为支柱产业等，以便尽快建成秦巴山脉区域绿色循环低碳的现代化产业体系。

二是工业园区布局。重点建设多少个工业园区，布局在何处，哪些应建成国家级工业园区，哪些应建成省级工业园区。每个工业园区产业发展重点要突出、特色要鲜明、智能化要显著，使其真正成为工业发展的集聚区、集群区和引领示范区。

三是"两化"融合。明确"两化"融合重点、途径、方式、成效，要真正达到以信息化提升工业化、以工业化推进信息化，最终成为信息化的工业化，使秦巴山脉区域早日建成产业结构优化、支柱产业高端化、新兴产业规模化、传统产业品牌化、"两化"深度融合、绿色低碳循环、"两型"高效发展的国家级新型工业化区域之一。

2. 绿色矿业开发战略发展规划

秦巴山脉是全国矿产资源的富集区域。为确保秦巴山脉区域绿色循环发展，必须要强化绿色矿山开发。建议国家组织有关部门帮助秦巴山脉区域统一制定秦巴山脉区域绿色矿业开发战略发展规划。

一要有明确指导思想。为促进秦巴山脉区域绿色循环发展，矿产资源开发应遵循如下原则：能不开发的最好不要开发，以便储备资源，留待以后开发；必须开发的要绿色开发、集中统一开发、充分综合利用开发；能暂缓开发的最好停止开发，重在保护资源，以待以后更好开发。力促秦巴山脉区域矿产资源开发与保护并重，既要关注眼前利益，也要考虑国家长远利益，坚持当前和长期相结合，确保绿色适度开发、综合利用。

二要确定矿业开发重点。从全面推进绿色矿业开发出发，全面规划，强化指导，坚持有重点、有成效、分类别地加以推进，结合矿产资源开发利用现状，重点抓好秦巴山脉区域内的金、钼、铝、钛、锰、铜、铁、钨、钒、铅、锌等矿产绿色开发与综合利用。

三要明确建设绿色矿产开发示范区。按照"政府主导、部门协作、企业主体、公众参与、共同推进"的原则，选择典型矿区先行试点，落实企业责任，创新体制机制，将示范区建设成布局合理、集约高效、生态优良、矿地和谐、区域经济良性发展的绿色矿业先行区，以便引领所有矿业加快转型升级发展。

四要明确构建绿色矿业发展长效机制。坚持制度创新、管理创新、技术创新相结合，探索建立符合生态文明要求、适应市场经济规则的绿色矿业开发运行机制和管理制度，形成绿色矿业发展的长效机制，开创秦巴山脉区域绿色矿业发展的新局面。

3. 人才培养引进战略发展规划

国以才立，政以才治，业以才兴。推进秦巴山脉区域工业绿色循环发展，关键在人才。必须坚持人才优先，加快实施人才强区战略。建议在国家帮助下切实制定好秦巴山脉区域人才培养引进战略发展规划，该规划应突出的重点包括以下几个方面。

（1）发展基础教育，提升秦巴山脉区域人口文化素养。长期以来，秦巴山脉区域人口文化程度普遍低于全国平均水平，这是秦巴山脉区域经济落后的一个重要原因。要想发展绿色循环工业，改变秦巴山脉区域经济落后现状，必须在重视人口生育质量的同时，从普及基础教育抓起，大大提高整体人口的文化素养。在目前秦巴山脉区域教育设备和教学质量普遍落后的情况下，各级政府应当加大教育投入，同时，建议国家制定出台奖励措施，鼓励社会力量进山兴办学校；倡导教育发达地区退休中小学校长和教学能手到秦巴山脉区域再工作几年。

（2）创新培育手段，立足当地培养人才。改变应试教育传统模式，大力发展职业技术教育，重点培训秦巴山脉区域的农民，使之成为具有一技之长的技能型人才，以适应秦巴山脉区域发展需要；积极兴办校企联合培育试点，采取多种措施，拓展校企合作方式，培养更多、更急需的创新型人才。

（3）制定优惠政策，吸聚企业优秀人才。大力推动人才结构战略调整，突出"高精尖缺"导向，制定优惠政策，着力发现、培养、吸引、集聚战略发展人才、科技领军人才、企业家人才、高科技人才。实施开放创新的人才引进政策，更大力度、更多途径引进急需、紧缺人才。充分发挥政府投入引导作用，大力鼓励企业、高校、科研院所、社会组织、个人等有序参与人力资源开发和人才引进，形成合力，为秦巴山脉区域发展绿色工业积聚人才。

（4）优化人才环境，创新人才资本配置。完善人才成长环境，清除人才流动障碍，提高人才社会横向和纵向流动性。完善人才评价激励机制和服务保障体系，营造有利于人人皆可成才和青年人才脱颖而出的社会环境。建立健全有利于人才向秦巴山脉区域工业园区、企业、基层流动的政策激励体系，使其有用武之地、成就之机。

（5）实施"倾斜"待遇，吸引更多人才。国家、省、市、县都要设立高层次人才培养吸引基金，更好地吸引和留住为秦巴山脉区域服务的人才。对引进的高层次创业创新领军型人才和团队，要积极创造必要的工作和生活条件，在省市重大科技项目、重大工程项目和重点技术创新项目安排上给予优先支持；在职称、晋升和各类专家资质评审上给予重点倾斜；对有重大贡献的领军人才给予重奖。要切实通过事业留人、待遇留人、感情留人、服务留人，让被吸引到秦巴山脉区域的各类人才发挥好、留得住、作用大。

4.2.3　实施有效措施，推进更好发展

为确保秦巴山脉区域工业绿色循环发展快速有效，建议国家实施特殊政策措施。

1. 设立国家级秦巴山脉区域绿色低碳循环发展创新示范区

建议在秦巴山脉区域设立"国家级秦巴山脉区域绿色低碳循环发展创新示范区"（以下简称"秦巴创新示范区"），并赋予其特殊的优惠政策和省级经济管理权限。在"秦巴创新示范区"，重点构建绿色低碳循环发展产业体系，加快发展先进装备制造、电子信息、生物医药、能源化工、新能源、新材料、新能源汽车等中高端产业；大力发展农、林、牧、渔特产加工业，食品饮料业，轻纺工业，健康医药业等"富民"产业。在产业项目选择上，坚持当前与长远相结合、工业发展与生态文明相适应、创新示范与推广普及相匹配，综合考虑经济效益、社会效益和生态效益相一致，真正把秦巴山脉区域建成国家级的绿色低碳循环发展创新示范区，以起到示范引领带动作用。

2. 建设秦巴山脉区域绿色循环发展大数据与知识中心

将水、土、野生作物等自然资源，矿产等材料资源，农、果、蔬、药等农业资源与加工企业产出物和排出物的种类和数量集聚起来，辅助分析，寻找循环途径，揭示循环缺口，辅助循环决策。

3. 实施特殊重点帮扶措施

为尽快改变秦巴山脉区域经济社会发展明显滞后的面貌，建议加快实施以下特殊重点帮扶措施。

（1）实施省内重点帮扶。建议涉秦巴山脉区域的五省一市立即组织省级有关厅局、经济实力较强市县和省（市）内大企业、大集团，对口帮扶所属的秦巴山脉区域市县，重点通过帮扶发展绿色循环工业，增强"自我造血"能力，加快精准脱贫致富，建设"美好富裕秦巴"。同时，还要有重点地对所属秦巴山脉区域市县加大项目建设和资金投入的倾斜力度，以项目具体、资金保障、措施得力为要求，力促所属秦巴山脉区域市县绿色循环工业得以有效且迅速发展。

（2）实施国家重点帮扶。建议国家利用秦巴山脉特殊的地理区位优势，重点安排投入一批国家资金和重大战略项目，帮扶秦巴山脉区域充分利用自身优势资源加快绿色循环发展；大力组织东部地区经济实力强的省市对口帮扶涉秦巴山脉区域的五省一市，促使秦巴山脉区域更快、更好地发展起来；积极组织国家有实力的中央企业重点帮助秦巴山脉区域的一个市县或一两个企业，实行对口帮

扶，有效促进。通过重点对口帮扶，布局一批重点项目，投入一批重点资金，培训一批急需人才，促使秦巴山脉区域迅速增强自身发展能力，成为国家名副其实的绿色循环发展创新示范区、生态安全屏障和美丽华夏"绿肺"。

4.2.4　制定特殊政策，推动快速发展

政策是发展的得力保障。为促使秦巴山脉区域绿色循环发展得到有效推进，建议国家和涉秦巴的五省一市制定以下政策。

1. 设立多种发展专项基金

建议国家和五省一市均设立促进秦巴山脉区域绿色循环发展的专项基金，主要可设立国家级和省级的秦巴山脉区域工业绿色循环发展专项基金、科技创新发展专项基金、现代绿色产业发展专项基金、"高精尖缺"人才培养引进专项基金、绿色矿业开发利用专项基金等各类必需的专项基金。专项基金设立，以国家和省级财政投入为主，并逐年适度增加；积极吸引社会资金投入，主要用于创新示范区建设、现代化产业体系打造、科技创新研发、急需人才培养、绿色矿业开发等，以促进和保障秦巴山脉区域绿色循环发展有力推进。

2. 加大产业扶持政策

为加快秦巴山脉区域工业绿色循环发展，需要国家采取倾斜性的产业政策扶持。建议国家制定秦巴山脉区域产业发展扶持政策，规定哪些产业可加大、加快发展，哪些产业需要限制发展，哪些产业应禁止发展，从而确保秦巴山脉区域工业得以绿色循环发展。从秦巴山脉区域发展实际出发，本书建议国家在制定秦巴山脉区域产业扶持政策时，要突出重点：一要重点扶持主导产业，以主导产业带动区域经济整体发展；二要重点扶持支柱产业，以充分发挥其对经济发展的支柱作用；三要重点扶持优势特色产业，以便使其尽快成为区域支柱产业；四要重点扶持战略性新兴产业，以便抢占未来经济发展的制高点，及早为秦巴山脉区域绿色循环发展战略打下坚实基础。

3. 强化财税扶持政策

建议国家和秦巴山脉区域的五省一市加大国家级和省级各类产业资金对秦巴山脉区域工业发展的支持力度，集中用好国家级、省级工业专项资金对秦巴山脉区域的支持，并形成稳定增长机制。统筹使用好国家级、省级工业类、科技类、环境类、中小企业类等专项资金对秦巴山脉区域的倾斜支持，重点支持秦巴山脉区域工业的固定资产投资、技术改造、科技创新、新产品研发、品牌推广、招商引资、工业园区建设、节能减排、绿色发展，扶持骨干企业做大、做强。秦巴山

脉区域的各市县政府也要加大财政支持力度，设立各类专项发展资金，促进秦巴山脉区域更好、更快发展。同时，建议国家加大财税支持力度，对秦巴山脉区域实施必要的税收优惠政策，建立稳定的中央财政转移支付制度，加大对秦巴山脉区域的财政转移支付。通过优惠的中央财税措施，促进秦巴山脉区域增强"自身造血"功能，加快绿色循环发展。

4. 加强金融扶持政策

金融是现代经济发展的核心。推进秦巴山脉区域工业发展，需要金融大力扶持。建议采取三条扶持措施。

一是建议国家批准组建"秦巴绿色发展银行"，采取共建模式，由国家出大头、秦巴山脉区域省（市）出小头、社会资金适当占股，资本金50亿元左右，其宗旨是助力秦巴山脉区域绿色循环发展，建设和保护国家中央"绿肺"，为全国生态文明建设做贡献。

二是建议国家在秦巴山脉区域建立"政府—银行—企业"有效协作机制，充分利用银行主渠道作用，扩大秦巴山脉区域信贷规模，拓宽企业融资渠道，助力秦巴山脉区域产业、企业加快发展。

三是建议国家帮助秦巴山脉区域建立多途径融资渠道，主要发展债券市场，积极推进企业债券、公司债券、短期融资券和中期票据发展；积极推进产权质押和股权质押融资；建立健全多层次资本市场，积极培育和推动一批企业在境内外上市，利用资本市场扩大融资，增强发展能力。

5. 增强科技保障扶持政策

秦巴山脉区域发展绿色循环工业，科技保障是根本。建议国家和五省一市加大对秦巴山脉区域科技保障扶持力度。

一要加大对秦巴山脉区域的科技投入。对重大科技专项、重要科研项目实施倾斜，帮助秦巴山脉区域把工业发展重点放在科技创新上，大力培育发展新动能，推动大众创业、万众创新，释放新需求，创造新供给，推动新技术、新产业、新业态蓬勃发展。

二要帮助秦巴山脉区域加快建立以企业为主体、市场为导向、产学研相结合的多元技术创新体系。建立企业技术中心，发挥其在创新体系中的核心作用，开展核心技术、关键工艺的研究和产业化应用；依托行业骨干企业、科研院所和高等院校，在高端装备制造和新兴产业领域建立产学研相结合的工程技术研究中心，提升骨干企业的科技创新能力和核心竞争力，解决行业共性技术问题，提供开放的公共技术服务；建立基础研究引导资金，鼓励高校、研究院所跟踪研究高端装备、新兴产业前沿性、基础性技术，以便抢占制高点。

三要帮助秦巴山脉区域培育发展科技龙头骨干企业。坚持以市场国际化、生产专业化、配套本地化、成本最低化为指导,利用国家和省市产业发展专项资金,优先、侧重支持秦巴山脉区域现有骨干科技企业产业上规模、管理上水平、技术上台阶,大力培育产业链各环节的龙头企业,以起到引领带动作用,推动秦巴山脉区域工业向高科技、高质量、高效益、低污染、生态化方向发展。

4.2.5　建设完善制度体系,确保规范发展

完善制度体系是保障工业绿色循环发展的根本。秦巴山脉区域发展绿色循环工业的根本途径是走制度完善化的道路。本书建议国家率同五省一市尽快健全完善秦巴山脉区域绿色发展制度体系。

1. 建立健全自然资源资产产权与用途管控制度

建议中央和省级有关部门紧密配合,加快制定出台"秦巴山脉区域自然资源资产产权与用途管控实施办法",按照统一规定,对秦巴山脉区域的河流、森林、山岭、草原、荒地、湿地、滩涂等自然生态资源进行确权登记,形成归属清晰、权责明确、监督有效的自然资源资产产权制度,进一步明确各类国土空间开发、利用、保护的边界,实现能源、水资源、矿产资源按质按量分级、阶梯利用,提高利用效率,发挥资源的最大效能。同时,严格划定生产、生活、生态空间开发管控界限,落实管控用途,确保生产发展、生活舒适、生态美好,从而建立起国家统一对秦巴山脉区域自然资源资产管理体制,促进国家有效行使全民所有自然资源的资产所有者责任,不断促进秦巴山脉区域工业加快绿色循环发展,生态保护更加有效。

2. 建立完善以生态红线为依据的工业发展生态环境保护制度

建议中央和省级有关部门加强联手,统一制定"秦巴山脉区域生态红线规划"。通过规划进一步明确秦巴山脉区域的森林、林地、耕地、湿地、水源地、水资源保护、河湖水库保护、物种保护等红线范围。实行红线区域分级分类管理:一级管控区,禁止一切形式的开发建设活动,绝对保持生态原貌;二级管控区,严禁影响其主体功能的开发建设,基本保护生态原貌。在红线区外,适宜开发建设的工业,也必须进行绿色低碳循环开发,并动员社会力量对绿色低碳循环发展的工业予以支持,为加快秦巴山脉区域工业发展和生态文明建设献智献策、贡献力量。

3. 建立健全矿产资源有偿开发使用制度

建议国家有关部门会同五省一市统一制定出台"秦巴山脉区域矿产资源绿色

有偿开发使用管理办法"。在该管理办法中，进一步明确在秦巴山脉区域全面推行矿产资源绿色开发、综合利用、有偿使用制度。应规定在一般情况下，能不开发的尽量不要开发，能少开发的尽量少开发，必须开发的必须确保绿色开发，坚持综合利用，深度加工，延伸产业链，并尽量减少生态环境破坏。同时，进一步明确坚持实行"谁使用谁付费，谁污染谁治理，谁破坏谁赔偿，谁违规、违法谁承担责任"的原则，并严格检查监督，实行责任追究，以确保秦巴山脉区域绿色开发和生态环保双赢。

4. 探索建立排放权交易制度

排放权交易是根据设定的全社会排放总量目标，政府按一定规则将排放量分配给企业而允许企业间进行配额权交易的一种制度。排放配额成为有价值的可交易商品，并通过价格机制引导企业主动减排。建议国家首先在秦巴山脉区域试行排放权交易制度，制定出台"秦巴山脉区域排放权交易试行管理办法"，按照市场化交易规则，积极开展节能权、排污权、排碳权、用水权等交易试点。通过试点，完善制度，逐步推广，促使在秦巴山脉区域建立有效的排放权、使用权交易市场，强化节能减排，推进工业绿色低碳循环发展，使生态文明建设得到有力、有效的保障。

5. 探索建立绿色税收制度

充分借鉴发达国家的成功经验，发挥税收在实现绿色低碳循环发展中的积极促进作用。建议国家在秦巴山脉区域试行绿色税收制度。

首先，加快企业所得税、资源税、城镇土地使用税等现有税制改革，调节现有的税制结构，明确体现鼓励类、限制类、禁止类的政策导向，提高资源税、城镇土地使用税、高能耗消费品的税率。

其次，着手研究开征环境保护税、燃油税、污染税等一些新的税种，以便对高耗能、高耗水、高污染和浪费资源的产业及项目盲目发展和过度扩张进行有效约束，强化企业的节约意识，更好地促进绿色循环工业集约和节约发展。

6. 进一步健全完善生态补偿制度

在秦巴山脉区域的发展中，需要进一步建立完善生态环境补偿制度。建议国家着力抓好三项重点。

一是加快制定"秦巴山脉区域生态环境补偿征收办法"。该办法应主要明确矿业开发造成的生态环境损害的补偿标准和补偿方式，明确补偿费征收对象与补偿费受益对象，明确补偿费征收与"谁损害谁治理，谁破坏谁补偿"的关系，以达到征收合理、受补有序，更好地促进矿产资源绿色开发。

　　二是逐步加大国家对秦巴山脉区域生态环境补偿费总额。秦巴山脉承担着"一江清水送京津"的重任，当地经济发展受损巨大，国家虽有一定补偿，但总额太少，且不均衡，无增长机制。建议国家大幅增加秦巴山脉区域生态环境补偿费总额，并完善增长机制，以便更好地惠及秦巴山脉区域人民。

　　三是加快建立横向生态保护补偿机制。主要应建立受益区域对生态环境保护区域的生态补偿，以促进更好、更有效地落实生态保护；有效推进区域间生态建设合作投资，以建立合理的区域间生态补偿；建立上下流域之间的生态补偿机制，促进受益区域向生态保护区域予以合理的生态补偿。

4.2.6　加强评价考核措施，保障有效发展

　　为确保秦巴山脉区域绿色循环工业有效发展，本书建议国家加强考核监督。

　　首先，建立评价考核制度。建议由国家主管部门制定出台"秦巴山脉区域工业绿色低碳循环发展评价考核办法"。在该办法中，要明确建立评价考核体系，使考核评价内容系统化、指标化、具体化、数据化；要明确考评对象主要是涉秦巴山脉区域的五省一市政府、区域内的市县政府；要明确评价考核结果的奖罚措施，特别要明确责任追究制度，以便有人负责，不能走过场、走形式。在此基础上，涉秦巴山脉区域的五省一市也要制定具体的评价考核规定，以便逐级实施执行。

　　其次，认真组织考核。前五年结合扶贫、脱贫任务可每年进行一次评价考核；制定出台"秦巴山脉区域工业绿色低碳循环发展评价考核办法"后，可每两年进行一次评价考核。评价考核一定要严密组织，认真实施，逐项对照检查，拿出实事求是的考评结果。

　　最后，严格奖罚兑现。根据考评结果认真进行奖罚，对先进的奖，对落后的罚，对典范的树立标杆，对失职的追究责任，做到优劣清楚、奖罚分明，以确保促进秦巴山脉区域工业绿色循环有效发展。

本篇参考文献

[1] 郭华，蒋远胜，邓良基，等. 浅析四川秦巴山区农林畜药业的绿色循环发展[J]. 国土资源科技管理，2016，33（2）：56-62.

[2] 姜明全，陈建新. 发展秦巴山区特色经济初探[J]. 陕西农业科学（农村经济版），2000，（12）：12-14.

[3] 方乙，郗爱华，葛玉辉，等. 四川秦巴山区矿产资源开发合理布局浅议[J]. 国土资源科技管理，2016，33（2）：18-23.

[4] 徐家存，李丽娇，王筱春. 我国山区生态工业发展分析与对策[J]. 中国集体经济，2013，（9）：44-45.

[5] 何家理. 秦巴山区保护与发展生态型经济区政策研究[J]. 生态经济，2010，（2）：81-84.

[6] 刘强，张治臣，陈苏维. 秦巴山区绿色畜产品产地环境质量评价[J]. 家畜生态，2004，25（2）：34-36.

第二篇　秦巴山脉区域信息化发展战略研究

第1章 现状与分析

秦巴山脉区域绿色循环发展，包括经济可持续发展、社会可持续发展、生态可持续发展和区域可持续发展。信息化既是时代特征，又是先进技术，将为秦巴山脉区域绿色循环发展、"智慧秦巴"的实现发挥重要"引擎"作用，在秦巴山脉区域绿色循环发展、创新发展、可持续发展中产生强大的驱动力[1, 2]。

1.1 信息化基础

我们通过调研得知，近十几年来，在国家工业化、信息化"两化"融合发展思路指导下，秦巴山脉区域紧紧抓住经济持续快速增长给信息化建设带来的机遇，大力推进信息技术在国民经济和社会发展各个领域的广泛应用，信息化正在成为秦巴山脉区域经济社会发展的重要推动力。

随着国家2006~2020年信息化发展战略的实施，秦巴山脉区域信息网络基础设施有了一定的发展，有线网络和无线网络覆盖范围有所提升，网络用户数量也有一定程度增长，部分信息覆盖的"盲区"也被扫除。尤其是靠近秦巴山脉区域城市及其周边区域的通信能力较强，秦巴山脉区域内已经开展了信息化与工业化融合工作。在汉中、十堰等工业较发达的地区，信息技术已应用在大型企业生产、销售、采购、财务、质量管理等环节；在工业欠发达地区和中小型企业，应用水平差异较大[3]。秦巴山脉区域电子政务网建设基本实现了市县级覆盖，完成了部分基础数据库建立，办公自动化水平有所提高，也建成了一批信息应用系统，在一定程度上促进了服务型政府的建设。近几年来，秦巴山脉区域电子商务规模逐渐扩大，利用阿里巴巴、淘宝、京东等大型电子商务平台，推广本地特色绿色产品。甘肃成县、康县等与阿里巴巴合作，建立了综合型电子商务网，利用便捷高效的互联网和信息技术，完成本地产品线上的宣传和销售。信息技术服务社会能力增强，在农业、教育、医疗、交通、安全、环保、旅游、社区管理等领域得到一定的应用[4]。

1.2 面临问题

通过近几年的不断建设和发展，秦巴山脉区域信息化水平跃上了一个新的台阶，但与绿色循环发展的要求及发达地区信息化水平相比，还存在一定差距，从而限制了绿色循环发展目标的尽快实现[5, 6]，主要存在以下几个方面的问题。

（1）秦巴山脉区域缺乏统一的信息化战略布局与合作机制。不同区域信息化基础设施、技术水平、信息服务等方面发展水平不均衡，区域内信息无法完全实现互联互通，出现了"信息孤岛"现象，在信息就是资源的理念下，显然不能发挥"资源"对发展的支撑与助力作用，也不能满足秦巴山脉区域绿色、低碳、循环发展需求，秦巴山脉区域信息化建设有待"质"和"量"的突破。

（2）天然的地理、环境因素导致信息化基础薄弱。秦巴山脉区域地势险峻，自然阻隔，人口地理分布零散、地域分布广阔，基础设施施工难度较大，投资高，导致信息网络基础设施相对薄弱，服务能力不足，尤其是宽带网络、高速无线通信网络覆盖范围相对较小，无法对秦巴山脉区域绿色、低碳、循环发展提供基础网络支撑[7]。

（3）信息化与其他行业融合的深度和广度不够。大型企业信息利用、集成与共享水平不高，中小企业信息技术应用水平参差不齐，人员技术素质有待提高，不能满足"互联网+"的要求。电子商务和商户企业的经营管理融合程度有待提高，不同区域间缺乏统一的管理和协调机制，各地方对于电子商务在绿色、低碳、循环发展中的定位不够明晰。

（4）由于秦巴山脉区域行政区划、电子政务信息无法得到有效共享，各地信息互联互通较差，信息利用程度低，尤其是在绿色循环发展上，电子政务的支撑力度不够。另外，信息化与政府职能转变的融合程度有待进一步提高，信息化公共服务手段尚不完善。

（5）教育支持秦巴山脉区域可持续发展的力度不够。教育现代设施与信息化程度低，无法支撑基于现代信息技术的教育发展。秦巴山脉区域劳动力专业技能较差，尤其适应基于"互联网+"职业教育的发展，但信息化基础实施相对薄弱，"互联网+"职业教育应用和相关系统推广力度不够，导致劳动力通过互联网接收职业化教育的覆盖面很小，人才教育不能满足绿色、低碳、循环的发展需要。

第2章 总体要求

2.1 指导思想

围绕秦巴山脉区域绿色循环发展的战略定位和总体目标，抓住全球物联网、云计算、大数据、新一代无线宽带通信等新技术、新应用大发展的重要机遇，以经济社会发展应用需求为导向，全面提升秦巴山脉区域信息化水平；重点以体现秦巴山脉区域特色的信息化思路与构架，突出智慧新村镇建设，发挥核心信息节点的辐射与带动作用，构建低成本、便捷式全方位互联互通网络拓扑结构，破解秦巴山脉区域人才教育、发展理念、职业培训、信息化服务等难题，发挥自然资源、环境生态、地域产业等优势，真正实现绿色循环发展。

2.2 基本原则

（1）统筹协调、资源共享。统筹规划，全面部署，加大资源整合力度，提高资源使用效率。综合平衡秦巴山脉区域各行政区块、行业、领域、产业间的关系，处理好各方面的问题和矛盾，充分整合网络基础设施、业务系统和信息资源，优化资源配置，实现信息资源的充分利用，促进跨部门、跨领域的资源共享，避免出现新的"数据烟囱"和"信息孤岛"。

（2）问题导向、应用驱动。从秦巴山脉区域绿色循环发展中的实际问题入手，明确信息化发展的总体需求，针对信息化发展中的主要矛盾和重要问题，构建智能信息基础设施，部署大数据应用平台，推进"互联网+"行动计划，形成常态、高效信息化可持续发展的机制。

（3）营造环境、创新应用。营造有利于创新的良好环境，促进"产学研用"协同互动，鼓励技术创新、模式创新和管理创新，大力开展应用创新。把服务秦巴山脉区域绿色循环发展作为信息化工作的出发点，坚持"以用促建，以用促管"。推进信息化与工业化、信息化与农业、信息化与社会服务业深度融合，全力推进秦巴山脉区域"互联网+"行动计划的落实与实施。

2.3　战略定位

坚持立足秦巴山脉区域、面向全国，将信息化发展作为秦巴山脉区域绿色循环发展的重要支撑手段；以信息资源综合利用为核心，以信息技术应用为重点，使秦巴山脉区域成为全国连片山区保护和发展中的信息化示范区，为全国连片山区绿色循环发展中的信息化发展提供指导。

2.4　发展目标

以秦巴山脉区域绿色循环发展目标为统领，围绕秦巴山脉区域发展的战略定位和经济社会发展目标，全面提升秦巴山脉区域信息化水平。加强区域间的统筹协调，加大信息化政策扶持和工作力度，全力推进信息化智能基础设施、秦巴山脉区域大数据中心、智慧村镇、信息安全保障措施的建设，以"互联网+"的思维实施传统产业信息化改造，提升信息化服务秦巴山脉区域经济和社会发展的能力。努力形成以信息技术应用为重点，以信息资源综合利用为核心，为秦巴山脉区域绿色循环发展提供强有力的技术支撑。

到2020年，秦巴山脉区域信息化智能基础设施基本形成，云计算、云存储、云共享、云安全等云服务模式得以开展，基于云服务的信息技术基础设施建设模式在理念上越来越被秦巴山脉区域认可和接受；秦巴山脉区域生态保护大数据、自然灾害预警与处置大数据、基础信息大数据建成，数据资源日益丰富，在灾害预防、环境保护、社会服务等领域的大数据应用初见成效；覆盖村镇、旅游景区、周边交通、公共场所的秦巴山脉区域智慧村镇智能信息化网络体系形成，并能提供基本的智慧村镇服务；"互联网+"行动计划在各行各业展开，并取得初步成效；秦巴山脉区域特色的电子商务体系建立，形成成熟的物流、支付、监管平台并得到应用。

到2030年，秦巴山脉区域信息化智能基础设施全面建设完成，移动互联网、物联网、云计算、大数据等得到深入应用，基于云服务的信息技术基础设施建设模式在秦巴山脉区域得到全面推广；秦巴山脉区域大数据中心建成并进入深度应用阶段，制定一批秦巴山脉区域不同行业、应用的大数据标准，形成数据观念意识强、数据收集能力大、分析挖掘应用广、开放共享程度高、体制和机制基本完善的大数据格局；智慧村镇建设进入深度应用阶段，能够在教育、医疗、政府服务、公共安全、智能交通、公共设施等领域提供更加便捷有效的社会公共服务；"互联网+"行动计划全面开展，产生互联网工业、互联网农业、互联网金融、物流电子商务、互联网医疗等新业态和新模式。

第3章 "智慧秦巴"总体架构

3.1 总体架构

"智慧秦巴"充分借鉴云计算、物联网、大数据等先进技术，基于"六层六体系"的理念进行搭建，"智慧秦巴"总体架构如图2-3-1所示。

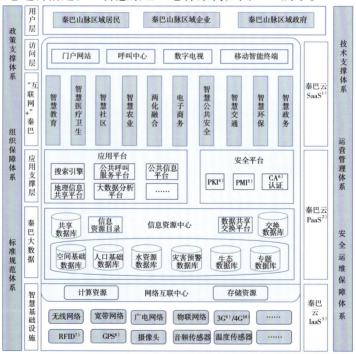

图2-3-1 "智慧秦巴"总体架构

1）SaaS：software-as-a-service，软件即服务；2）PaaS：platform-as-a-service，平台即服务；3）IaaS：infrastructure-as-a-service，基础设施即服务；4）PKI：public key infrastructure，公钥基础设施；5）PMI：privilege management infrastructure，授权管理基础设施；6）CA：certificate authority，电子商务认证授权机构；7）RFID：radio frequency identification，射频识别；8）GPS：global positioning system，全球定位系统；9）3G：3rd-generation，第三代移动通信技术；10）4G：4th-generation，第四代移动通信技术

3.2　智慧特征

（1）智慧基础设施主要包括物联网基础设施、通信网络和云计算基础设施三个部分。物联网基础设施主要用于识别物体、感知信息，包括RFID标签和读写器、摄像头、GPS、传感器等感知设备；通信网络包括无线网络、宽带网络、广电网络等，实现信息的传输与接收；云计算基础设施通过对服务器、存储、网络的虚拟化，为"智慧秦巴"提供按需获得、即时可取的计算、存储、网络、操作系统及基础应用软件等资源，从而有效提高存储能力和服务器利用率，降低运营维护成本。

（2）秦巴大数据主要包括五大公共基础数据库、数据共享交换平台及其相关应用，可以实现秦巴山脉区域各部门的信息汇聚和资源整合。公共基础数据库主要包括秦巴山脉区域空间基础数据库、人口基础数据库、水资源数据库、灾害预警数据库和生态数据库。专题数据库根据不同的业务需求进行建设。数据共享交换平台对秦巴山脉区域的各类公共信息进行统一管理、共享交换，满足秦巴山脉区域各类业务和行业发展对公共信息交换和服务的需求，通过数据挖掘、大数据分析，为上层业务应用提供数据支撑，为"智慧秦巴"运行管理、领导决策提供科学依据。

（3）应用支撑层为秦巴山脉区域各类需求、应用提供统一的功能支持，包括应用支撑和安全支撑能力，提供呼叫、大数据分析、视频、搜索等多方面的功能平台。

（4）"互联网+"秦巴层主要针对"智慧秦巴"的农业、工业、交通、旅游、环保、民生服务、产业经济等领域构建应用服务。

（5）访问层为秦巴山脉区域居民、企业、政府等各类用户对象提供访问窗口，向用户提供"智慧秦巴"的各种服务信息，并接受用户提供和反馈信息。访问窗口包括门户网站、显示大屏、计算机、移动电脑、电话和智能手机终端等。

（6）用户层是"智慧秦巴"的主要服务对象，主要包括秦巴山脉区域居民、企业和政府。

（7）保障和支撑体系是"智慧秦巴"的重要支撑，"智慧秦巴"总体架构的每层功能建设都需要广泛而综合的支撑和保障，包括政策支撑体系、组织保障体系、技术支撑体系、标准规范体系、运营管理体系、安全运维保障体系。这些体系架构贯穿于整个"智慧秦巴"建设的各个方面，以确保其安全、高效的运行和健康稳定的发展。

第4章 战略行动

4.1 智能基础设施战略

如图2-4-1所示，以物联网、大数据、云计算、移动互联网、智能控制技术等新一代信息技术为支撑，按照秦巴山脉区域绿色循环发展的定位，在实现秦巴山脉区域信息互联互通的基础上，完成包括网络基础设施、传感基础设施、计算基础设施在内的信息化发展基础——智能基础设施的布局和建设，构建低成本、分布式、高可靠、复合型信息互联互通网络体系，形成秦巴山脉区域绿色循环发展中信息化的基础保障。

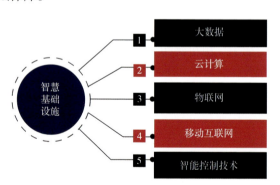

图2-4-1　智慧基础设施

着力推进秦巴山脉区域宽带网络优化升级，加快推进4G和5G①网络的部署和建设，大力推进秦巴山脉区域核心城市互联网骨干网和城域网建设，优化互联网骨干网之间的互联构架[8]，提高秦巴山脉区域不同区域网间互联带宽和互联质量。强化普遍服务，大力推动广大农村和欠发达地区的信息网络建设，逐步降低宽带资费水平，构建符合秦巴山脉区域地理位置与城乡居住特征的信息化基础平台。

---

① 5G：5th-generation，第五代移动通信技术。

推进物联网技术在秦巴山脉区域环境保护、灾害预防、工业、农业、旅游、物流、交通、基础设施管理、水资源管理等领域的应用。发挥政府引导作用，在公共财政支持下，建设一批物联网应用试点示范项目，增强秦巴山脉区域精细化、智能化管理能力。鼓励企事业单位采用物联网技术，创新信息化应用。

统筹秦巴山脉区域内云计算数据中心发展，积极探索跨区域共建共享机制和模式，推动建设一批公共服务、互联网应用服务、重点行业和大型企业云计算数据中心和远程灾备中心，引导云计算数据中心向大规模、一体化、绿色化、智能化方向布局发展。增强高性能计算、海量数据存储、信息管理分析服务能力。推动秦巴山脉区域企事业单位业务应用系统向云计算模式的公共平台迁移。

按照秦巴山脉区域绿色循环发展的总体目标，推进网络基础设施对于秦巴大数据中心、"互联网+"行动计划、智慧村镇的支撑，利用物联网、云计算、大数据、移动互联等新技术，整合现有各类网络设施资源，发挥各自技术优势，实现定制化服务、虚拟化基础设施，形成高速接入、安全可靠、无处不在的泛在智能网络基础设施。秦巴山脉区域智能网络基础设施拓扑结构如图2-4-2所示。

图2-4-2 秦巴山脉区域智能网络基础设施拓扑结构

4.2 秦巴山脉区域"大数据"战略

考虑秦巴山脉区域的地理区位、产业领域、生态特点，结合秦巴山脉区域绿色循环发展的主题，在秦巴山脉区域实施秦巴生态保护大数据、秦巴自然灾害预警与处置大数据、秦巴基础信息大数据，为秦巴山脉区域绿色循环发展提供数据支撑。秦巴山脉区域大数据及其应用结构如图2-4-3所示。

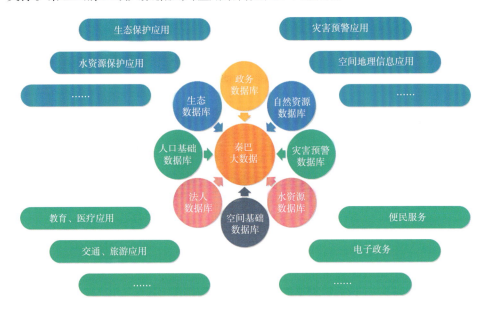

图2-4-3　秦巴山脉区域大数据及其应用结构

　　开辟秦巴山脉区域内生态保护数据、自然灾害预警数据和基础数据的采集渠道，综合行政收集、网络搜取、自愿提供、有偿购买、传感收集等方式建立自动、精准、实时的大数据采集体系。同时，通过不同区域间的数据整合，社会、企业的数据挖取，形成广样本、多结构、大规模、实时性的数据体系，使数据的特征关联和创新应用成为可能[9]。加强对秦巴山脉区域的生态保护、自然灾害预警和处置及基础信息等各类信息系统规划与大数据采集需求的融合指导，鼓励各类信息系统的相关机构加强对数据的采集，推动自然灾害监测、RFID、二维码、环境监测、无线传感网络、移动互联网的普及应用。

　　建立秦巴山脉区域不同行政区划之间大数据互助共享协作的体制和机制，加强不同区域有关机构的数据互换、信息互通。切实整合现有的信息系统，对新建的信息系统做好统筹立项，逐步改变不同信息系统职责交叉、标准不一、共享困难等现状，做好信息化和大数据相关规范和标准的建设。明确各业务部门在数据采集、使用、公开等方面的职能、关系和任务，明确数据方面的考核任务，形成促进数据共享、开放的体制机制，最终形成以大数据为核心的管理新业态。

　　建立和完善秦巴山脉区域人口、法人单位、自然资源和空间地理、宏观经济、信用征信等基础数据库，规划最小数据集，制定元数据标准。分块管理和集中管理相结合，建设秦巴山脉区域基础信息大数据中心，推动社会海量数据资源的收集，实现对有意义、有价值的社会数据集中式、适度结构化存储和深度开发。

4.3 "互联网+"行动计划战略

"互联网+"行动计划是推进秦巴山脉区域传统产业转型升级的重要途径。"调结构、转方式"是国家发展的主线。当前，秦巴山脉区域也正处于加快传统产业转型升级的关键时期。在新的发展起点上，"互联网+"行动计划能够全面推动秦巴山脉区域信息化与传统产业的深度融合，有利于加快转变秦巴山脉区域经济发展方式，突破资源环境承载能力的制约；有利于发挥信息化的带动和渗透效应，加快构建以信息化为支撑的现代产业体系；有利于促进新技术、新工艺、新产品、新服务的发展，带动企事业单位生产经营和管理模式创新，提升传统产业竞争力，催生新兴产业门类，培育新的经济增长点；有利于有效整合秦巴山脉区域不同地区产业发展资源，率先探索出一条具有秦巴山脉区域特色的"互联网+"行动计划道路[10]，如图2-4-4所示。

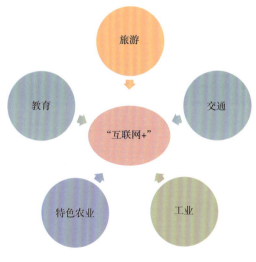

图2-4-4 "互联网+"行动计划

4.3.1 "互联网+"工业

在工业领域，互联网作为工业转型升级最为核心的驱动力，能进一步推进工业化与信息化的深度融合，可以运用新一代信息技术，在工业领域形成按需制造、柔性制造、数据制造、绿色制造等新型生产模式，提升秦巴山脉区域工业发展的内涵，满足绿色循环发展的要求。

深化信息技术在秦巴山脉区域内制造业的应用，突出发展智能装备和智能产品，推动生产过程智能化，加快传统制造向"现代智造"的转型升级[11]。重点突破芯片业的封装和测试、核心工业软件、数控装备和工业机器人核心技术，研制汽车及其零配件、高端数控产品、工业机器人、自动化生产线、流程工业成套装备等智能装备，发展智能电力设备、汽车电子、智能家电等智能化工业产品，提高产品信息技术含量和附加值。以提升产业链协同能力为重点，推进工业生产过程信息共享、系统整合、智能控制和协同制造，提高精准制造、柔性制造、敏捷制造能力。建设秦巴山脉区域工业设计和产品开发公共技术服务网络平台，推进一批行业信息系统集成及示范应用。

利用信息化手段提高秦巴山脉区域内企业管理的精细化程度。鼓励企业应用信息技术实现经营管理科学化。借助秦巴山脉区域智能网络基础设施推广企业ERP（enterprise resource planning，资源计划）、SCM（supply chain management，供应链管理）、CRM（customer relationship management，客户关系管理）、OA（office automation，办公自动化）、HR（human resources，人力资源）、BI（business intelligence，商业智能）等应用系统，提高企业研发、设计、生产、营销、服务、财务等各方面管理水平和领导决策能力，提升企业综合竞争力。鼓励有一定规模的企业制定与企业信息化相适应的管理规范和标准，实现对资金、人力、物资、客户等信息的深度开发，使企业内研发、生产、供应、营销各环节相互协调配合，实现管理方式的科学化和高效化。

推进产业链信息化。以秦巴山脉区域优势行业龙头企业为依托，实现信息化对产业链的全方位渗透。通过大中型企业的带动作用，促进下游企业逐步应用信息技术，形成上下游企业间在生产经营、质量管理等方面信息系统的对接，带动产业链信息化水平的整体提升。

4.3.2 "互联网+"特色农业

在农业领域，互联网与秦巴山脉区域农副产品的生产、加工、销售等环节充分深度融合。用互联网技术改造生产环节，提高生产水平，管控整个生产经营过程，确保产品品质，对产品营销进行创新设计，提升秦巴山脉区域农产品的品牌及内涵。

运用地面观测、传感器、地理信息技术等，加强秦巴山脉区域特色农业生产环境、生产设施和动植物本体感知数据的采集、汇聚和关联分析，完善农业生产进度智能监测体系[4]，加强农情、植保、耕肥、农药、饲料、疫苗、农机作业等相关数据的实时监测与分析，提高农业生产管理、指挥调度等数据支撑能力。推进物联网技术在秦巴山脉区域种植业、畜牧业和渔业生产中的应用，加强农机配置优化、工况检测、作业计量等数据获取，提高农机作业质量的远程监控能力，提高对作物种植面积、生产进度、农产品产量的关联监测能力。

加快建设秦巴山脉区域农产品质量安全追溯管理信息平台，建立健全制度规范和技术标准，加强与秦巴山脉区域不同地区相关部门的数据对接，实现生产、收购、贮藏、运输等环节的追溯管理，建立质量追溯、执法监管、检验检测等数据共享机制，推进数据实现自动化采集、网络化传输、标准化处理和可视化运用，实现追溯信息可查询、来源可追溯、去向可跟踪、责任可追究，为秦巴山脉区域特色农产品生产和销售提供有力支持。

加强农产品加工数据采集体系建设，加大消费端数据采集力度，建立覆盖秦巴山脉区域特色农产品全产业链的数据监测体系，促进农产品产销精准对接。加强秦巴山脉区域农业数据调查分析，组建跨部门、跨行业农业数据分析团队，开展综合会商，提升分析预警和调控能力。完善农业展望工作制度和涉农数据发布制度，打造秦巴山脉区域特色农产品产销数据发布窗口。

4.3.3 "互联网+"旅游

在秦巴山脉区域旅游领域，以互联网与旅游业深度融合为助力，以提高游客便利度水平和提升游客满意度为出发点，以创新业态和创新模式为驱动力，建设秦巴山脉区域智慧旅游公共服务平台和旅游产业运行监测平台，广泛调动全社会资源，提高旅游品质，推动秦巴山脉区域绿色循环发展。

加强秦巴山脉区域旅游相关信息互动终端等设备体系建设。在秦巴山脉区域内的机场、车站、码头、宾馆饭店、景区景点、旅游购物店、游客集散中心等主要旅游场所提供PC（personal computer，个人计算机）、平板、触控屏幕、SOS（国际莫尔斯电码救难信号）电话等旅游信息互动终端，使旅游者更方便地接入和使用互联网信息服务和在线互动。推动旅游物联网设施建设，对秦巴山脉区域内的旅游大巴、旅游船和4A级以上旅游景区的人流集中区、环境敏感区、旅游危险设施和地带，实现视频监控、人流监控、位置监控、环境监测等设施的合理布设，将旅游服务、客流疏导、安全监管纳入互联网范畴。

以"大旅游"理念整合秦巴山脉区域交通出行、餐饮、住宿、购物、休闲娱乐等各类旅游信息资源。建设秦巴山脉区域智慧旅游公共服务平台，完善旅游公共服务体系。加大秦巴山脉区域不同地区旅游公共信息的互联网采集和运用，推动旅游公共信息数据向社会开放。建设统一受理、分级处理的旅游投诉处置平台，健全旅游公共产品和设施、旅游投诉和旅游救援等公共信息网络查询服务。运用互联网，建立旅游诚信信息交流平台，加强对旅游企业信用的监管。运用互联网开展文明旅游引导，定期发布游客不文明旅游行为记录。

推动智慧村镇山区旅游建设。运用互联网和移动互联网，全面提升秦巴山脉区域特色山区旅游的管理、服务、营销水平，积极支持社会资本和企业发展秦巴山脉区域旅游电子商务平台，带动农民增收和脱贫致富。支持有条件的地方通过秦巴山脉区域旅游APP（application，应用程序）、微信等网络新媒体手段宣传推广秦巴山脉区域旅游特色产品。支持有条件的贫困村发展成为智慧旅游示范村。鼓励各地建设集咨询、展示、预订、交易于一体的智慧旅游山区服务平台。

4.3.4　"互联网+"交通

在秦巴山脉区域交通领域，运用新一代信息技术，建立车、路、人之间的互联网络，通过整合车、路、人各种信息与服务，最终为人提供服务，使交通变得更加智慧、精细、绿色，推动秦巴山脉区域绿色循环发展。

通过基础设施、运输工具、运行信息等互联网化，推进基于互联网平台的便捷化交通运输服务发展，显著提高交通运输资源利用效率和管理精细化水平，全面提升秦巴山脉区域交通运输行业服务品质和科学治理能力[12]。

提升秦巴山脉区域交通运输服务品质。建立秦巴山脉区域内不同行政区划的交通运输主管部门沟通协作机制，将交通运输数据资源向社会开放，鼓励互联网平台为社会公众提供实时交通运行状态查询、出行路线规划、网上购票、旅游景点智能停车等服务，推进基于互联网平台的多种出行方式信息服务对接和一站式服务。

增强秦巴山脉区域交通运输科学治理能力。强化不同区域交通运输信息共享，利用秦巴山脉区域基础大数据平台挖掘分析人口迁徙规律、公众出行需求、枢纽客流规模、车辆船舶行驶特征等，为优化交通运输设施规划与建设、安全运行控制、交通运输管理决策提供支撑。利用互联网加强对交通运输违章、违规行为的智能化监管，不断提高交通运输治理能力。

4.3.5　"互联网+"教育

依据秦巴山脉区域各个行业对于人才的需求，坚持立德树人，以培养创新人才为根本，以优质教育资源和互联网学习环境建设为基础，以学习方式、教育模式创新为核心，在促进教育公平、提高教育质量、推动教育改革、提升职业教育、构建学习型社会中充分发挥互联网的支撑发展和引领创新作用。

推动优质教育资源共建共享，促进教育均衡发展。建立政府引导、多方参与、奖励推动、优胜劣汰的资源共建机制，以政府为主导建设基础性资源，鼓励企业与各级、各类学校合作建设辅助性学习资源，鼓励师生自主开发特色数字教育资源，制定资源审核、奖励、评估、淘汰等机制，保障资源数量与质量，开展网络课堂建设，扩大优质教育资源覆盖面，形成有效的优质资源共享机制。

以互联网为支撑，创新秦巴山脉区域中小学课堂教学环境，变革传统教与学的关系，培育和推广新型教学模式，引导学生依托信息技术实现主动学习、个性学习、合作学习。探索运用三维、模拟等先进信息技术手段，创设与秦巴山脉区域职业教育专业课程配套的虚拟仿真实训情境，鼓励教师探索互联网环境下的实习实训教学模式。

以实施秦巴山脉区域智能信息基础设施等网络升级改造工程为重点，加快推进中小学、职业院校的网络基础设施建设；制定与国家各类教育平台标准规范相衔接、符合秦巴山脉区域实际的统一数据规范和交换标准；围绕学习型秦巴山脉区域社会建设需求和教育改革实际，以建设职业教育课程与职业教育培训为重点，整合符合秦巴山脉区域特色的数字教育资源，构建低成本、高效率的秦巴山脉区域"互联网+"教育体系，为秦巴山脉区域人才培养和教育提供支撑，实现秦巴山脉区域可持续的发展道路。

4.4　秦巴山脉区域特色电子商务战略

深化秦巴山脉区域特色、重点行业的电子商务应用，引导中小企业利用电子商务开拓国内、国际市场；打造现代化物流中心，充分发挥通信运营商、信息服务商的作用，建设秦巴山脉区域性现代物流公共信息中心和公共信息服务平台；改善电子商务的发展环境，强化秦巴山脉区域电子商务产业基础设施建设，加快构建以电子支付、社会信用、物流配送为重点的电子商务支撑体系，打造电子商务监管平台，营造公平的市场竞争机制，支撑秦巴山脉区域绿色循环发展。

积极发展秦巴山脉区域特色农村电子商务。在有条件的地区开展电子商务进农村综合示范项目，支持新型农业经营主体和农产品、农资批发市场对接电商平台，积极发展以销定产模式。完善农村电子商务配送及综合服务网络，着力解决农副产品标准化、物流标准化、冷链仓储建设等关键问题，发展农产品个性化定制服务。开展生鲜农产品和农业生产资料电子商务试点，促进秦巴山脉区域特色优势农业大宗商品电子商务发展。

加快秦巴山脉区域电子商务支撑环境建设，加快信用、认证、标准、支付和现代物流体系建设，大力支持第三方电子商务服务企业发展，建设秦巴山脉区域区域性现代物流公共信息中心和公共信息服务平台。扶持秦巴山脉区域骨干、特色企业和重点行业发展电子商务，充分发挥龙头企业的带动效应，支持其应用电子商务，并通过供应链带动上下游企业的电子商务发展。加快汽车零配件、绿色养殖、装备制造、旅游商贸和物流等行业的电子商务示范和推广。鼓励生产制造企业面向个性化、定制化消费需求深化电子商务应用，支持设备制造企业利用电子商务平台开展融资租赁服务，鼓励中小微企业扩大电子商务应用。

4.5 智慧新村镇战略

依据秦巴山脉区域城乡规划，依托秦巴山脉区域智能基础设施战略，构建覆盖村镇、旅游景区、周边交通、公共场所的秦巴山脉区域智慧村镇智能信息化网络体系。结合秦巴大数据的实施，以秦巴山脉区域居民生产、生活需求为核心，采用信息化手段提升村镇管理水平，构建村镇管理、应急响应和公共服务平台，实现秦巴山脉区域"智慧新村镇"战略。加强信息技术在秦巴山脉区域村镇公共服务和社会管理创新方面的应用，在教育、医疗、政府服务、公共安全、智能交通、公共设施六大领域，加快服务方式的转变和服务质量的提高，提高秦巴山脉区域全社会的信息化应用水平。

加快传感器技术、地理空间信息技术、卫星定位与导航技术、新一代信息网络技术在秦巴山脉区域城镇化建设中的应用。在城镇、村镇运行关键领域建设一批城镇基础设施智能感应系统、环境感知系统、远程监控服务系统。推进RFID网络、视频监控网络、无线电监测网络的共建共享，统筹传感设备、无线通信设备、控制设备和摄像头等各类智能终端在交通、给排水、能源、通信、环保、防灾与安全生产等城镇公共基础设施的布局和应用，加强对地下管线的实时监控，形成全面覆盖、泛在互联的智能感知网络，提升公共基础设施的智能化水平。

加强物联网、传感网、云计算、大数据等信息技术在秦巴山脉区域城镇运行管理和服务中的应用。提高秦巴山脉区域在教育、医疗、政府服务、公共安全、智能交通、公共设施等方面的综合管理服务能力。推进智能村镇、智能庭院及社区管理综合服务平台建设，推进水、电、气、气象，物业管理等社区服务的智能化应用，推进在线办理、在线阅读、居家养老、家庭病床、应急救助等智慧化便民服务，提高社区精细化管理和智能化服务水平，改善居民智慧化生活环境。建设智慧村镇运营平台，建立健全数据采集、交换共享、开发利用相关标准体系，开展基础大数据应用，推动城镇创新发展。

秦巴山脉区域智慧新村镇网络拓扑结构将省会城市和直辖市（西安、成都、重庆、郑州、武汉、兰州）视为信息一级节点，视市为二级节点、县为三级节点、村镇为四级节点，构建智慧村镇网络拓扑结构。该网络拓扑结构中的任一城市、县、村镇均可经网路与上级节点或信息服务中心进行信息交互。

秦巴山脉区域智慧新村镇战略依托包括西安、成都、重庆、郑州、武汉、兰州六个一级节点城市所提供的智能化基础设施、智力及相关人才资源，借助包括陇南、宝鸡、汉中、广元、巴中、达州、绵阳、安康、十堰、襄阳、南阳等秦巴山脉区域二级节点核心城市的信息化发展牵引，在县级及村镇等三级、四级节点构建如图2-4-5所示的体系，重点在职业教育、医疗、旅游、养老、防灾等领域的智慧新村镇体系，实施乡村振兴战略，实现健康村镇、平安村镇、生态村镇及富强村镇。

图2-4-5　秦巴山脉区域智慧新村镇体系架构

1）CT：communication technology，通信技术产业

4.6　秦巴山脉区域信息安全保障

构建健全的信息安全保障措施，尤其针对秦巴山脉区域基础网络设施和重要信息系统，落实信息安全分级、等级保护，提高信息安全保障能力和水平。进一步完善信息网络的信任体系，完善秦巴山脉区域整体区域的密码管理基础设施和统一的数字认证平台，为秦巴山脉区域信息安全保障提供基础。建立和完善信息安全监控体系，构建秦巴山脉区域网络与信息安全监控预警系统，提高信息安全事件的应急处置能力。

加强秦巴山脉区域内网络与信息安全工作的统筹协调，健全不同区域地级以上城市的网络与信息安全协调工作机制，形成全局联动、部门互动的网络与信息安全联合监管和协调机制。推动信息安全与信息化同步规划、同步建设、同步运行，完善信息安全基础设施，落实信息安全等级保护制度，健全信息安全认证认可体系，强化信息安全应急处置，提高信息安全风险防范能力。

加强秦巴山脉区域重要信息安全管理，建设重要信息安全监控预警平台，提升网络与信息安全监管能力，完善信息技术服务外包安全管理，落实涉密信息系统分级保护制度。加强能源、交通、金融等涉及国计民生的重要信息系统的信息安全管理；加强物联网、云计算、大数据应用、智慧村镇建设的安全防护和管理；加强先进制造、电力系统、交通运输、水利枢纽、基础设施等重要领域工业控制系统安全管理，重点加强对可能危及人民群众生命和公共财产安全的工业控制系统的监管。建设秦巴山脉区域统一数字认证平台的应用和覆盖范围，推动国产密码、电子签名在金融、生态保护、灾害预警、电力、电信等重点领域的应用。

增强秦巴山脉区域内电信网、广播电视网、互联网等基础信息网络安全防护能力，加大无线电安全管理和重要信息系统无线电频率保障力度。加强对互联网网站、地址、域名、信息内容和接入服务单位的管理，规范互联网服务市场秩序。强化信息资源和个人信息保护，保障信息系统互联互通和信息资源共享安全，强化企业、机构在网络经济活动中保护用户数据和重要基础数据的责任。加强网络虚拟社会管理，完善网络信用体系，加强网络舆情研判，打击网络违法犯罪活动，倡导行业自律，发挥网民和社会组织的监督作用，逐步完善信息安全。

第5章 保障措施

5.1 创新工作方式，强调统筹协调

建立信息化协同推进机制。设立秦巴山脉区域信息化工作领导小组，加强领导，建立高效、科学、有序的信息化推进工作机制。信息化工作领导小组主要负责统筹规划、组织实施秦巴山脉区域信息化发展战略，决定信息化发展的重大事项，协调解决秦巴山脉区域内跨不同行政区域、部门、系统的信息资源共享难题，充分发挥各方面的积极性，形成信息化建设推进合力。加强秦巴山脉区域不同地区的协调行动，有效地发挥各项财政资金和政策的扶持效果，合力推动信息化发展。

5.2 加强财政扶持，优化发展环境

加快制定完善支撑秦巴山脉区域信息化发展战略的财政投入、采购、投资、创新、重大项目和人才队伍建设等政策支撑体系，推动形成信息化发展的产业链。加大秦巴山脉区域范围内的各省（市）的战略性新兴产业、重大科技等专项扶持资金对信息化发展的投入，鼓励金融资本、风险投资和民间资本投向信息化及其应用和产业发展。推动建立信息化发展的法规制度体系，明确各级的责任、义务与使用权限，合理界定数据的使用方式与范围，规范秦巴山脉区域公共数据的采集、共享和应用，保障公共数据的公平、权威和可信，保护数据产权、安全和隐私。加大对山村和欠发达地区的信息化投入，重视对小微企业的服务，普及信息无障碍设施建设，避免出现新的数字鸿沟。

加快信息化投融资体制改革，建立与国际惯例和市场经济接轨、适合秦巴山脉区域信息化发展需要的投融资新机制。加大政府对信息化的引导性投入，加强

对公益性、基础性、战略性的重大信息化项目的资金支持。加大利用社会资源对信息化的投入，建立起信息化建设财政支持和保障的长效机制。建立面向创业和创新的投资体系，支持关键信息技术和产品的研发、产业化及试点。积极推行社会投资公共服务信息系统的外包建设和运营模式。组织开展信息化建设专项招商活动，吸引外资、民间资本对信息化建设和信息产业的投入。

5.3   加强信息化人力资源建设

建立秦巴山脉区域多层次的信息化人才培养体系。充分利用秦巴山脉区域和周边大城市高校、科研机构、大型企业人才教育培训资源优势，引入国际领先的人才培养经验和模式，结合秦巴山脉区域信息化发展所需，针对不同专业要求、不同岗位需要、不同人才层次，积极开展企业定制培训、委托培训、资质认证培训等多种形式的培训。加大对优质培训机构和优秀培训学员的资助力度。

做好秦巴山脉区域公务员信息化学习、培训、考察等工作。将信息化培训作为组织人事部门的干部培训重要内容之一；建立一套完善的定期学习、培训机制，组织好各级领导和信息化管理人员的培训工作，学习信息化最新动态和成果，提高对信息化的认识和管理水平；对公务员进行分散培训、统一考试。

制定和完善秦巴山脉区域居民信息化能力参考标准，针对不同人群制定培训大纲，编写培训教材，开发培训课件。加强信息化知识普及和上网、文字处理、信息传递、与政府部门网上互动等基本技能培训，营造良好的信息生活环境。

在秦巴山脉区域农村开展形式多样的信息化教育、宣传、培训工作，提高农民对信息化的认识，增强农民依靠信息技术致富的能力。加强对农村合作组织成员、致富带头人、大学生村干部等人群的信息技能培训；开展外出务工人员信息化知识普及主题活动，为外出务工人员提供就业和维权等方面的信息服务。

5.4   建立秦巴山脉区域信息标准，促进互联互通

加强秦巴山脉区域信息化发展标准规范研究，健全完善数据采集、管理、开放、应用等标准规范。充分结合政府各部门现有数据资源和指标体系建设情况，统一各类数据编码、格式标准、交换接口规范等，研制一批基础共性、重点应用和关键技术标准。研究制定政府数据开放标准，对开放的方式、开放的内容、开放的对象进行规范。制定数据商业化服务规则，明确公益性与商业性信息服务界

限。积极参与大数据国家标准、行业标准工作。加大标准实施力度，完善标准服务、评测、监督体系，以应用效果推动秦巴山脉区域信息化发展标准工作。建立有效的咨询服务体系，推进标准的宣传、贯彻和实施，加强监督检查，不断提升标准在信息化建设中的应用水平。

5.5　开展系列宣传培训活动

提高秦巴山脉区域内对信息化发展及应用的认识，增强全民收集各类数据、分析挖掘数据的意识，调动社会各方面参与的主动性、积极性，为实施信息化发展战略创造良好的社会环境和舆论氛围。组织专家、学者开展面向政府、行业、企业的大数据专题讲座和培训，将信息化相关知识作为领导干部新知识、新技能培训的重要内容，并加强对典型应用的宣传。

本篇参考文献

[1] 徐德龙，张智军.秦巴山脉地区绿色循环发展政策体系研究[J].中国工程科学，2016，
    18（5）：74-79.

[2] 程大章，沈晔.绿色生态城区与智慧城市建设[J].建设科技，2014，（17）：20-23.

[3] 徐德龙，李辉，周媛，等.生态环境约束下秦巴山脉区域工业绿色发展策略[J].中国工程科
    学，2016，18（5）：68-73.

[4] 惠青，桂秀梅.大数据时代山区农户信息服务创新研究[J].农业网络信息，2015，（10）：5-7.

[5] 周庆华，牛俊蜻.秦巴山脉周边城市地区协同发展研究[J].中国工程科学，2016，18（5）：10-16.

[6] 张静，任志远.秦巴山区土地利用时空格局及地形梯度效应[J].农业工程学报，2016，
    32（14）：250-257.

[7] 吴左宾，敬博，郭乾，等.秦巴山脉绿色城乡人居环境发展研究[J].中国工程科学，2016，
    18（5）：60-67.

[8] Lynggaard P，Skouby K E . Deploying 5G-technologies in smart city and smart home wireless sensor
    networks with interferences[J]. Wireless Personal Communications，2015，81（4）：1399-1413.

[9] Han Q L，Liang S，Zhang H L . Mobile cloud sensing，big data，and 5G networks make an
    intelligent and smart world[J]. IEEE Network，2015，29（2）：40-45.

[10] 陈桂龙.智慧城市与智慧村镇建设方向[J].中国建设信息，2015，（13）：46-47.

[11] Pan Y H . Urban big data and the development of city intelligence[J]. Engineering，2016，
    2（2）：171-178.

[12] 傅志寰，徐丽，蒋斌，等.秦巴山脉绿色交通体系建设面临的挑战及应对思路[J].中国工程
    科学，2016，18（5）：17-23.

第三篇　秦巴山脉区域矿产资源绿色发展战略研究

引　言

　　秦岭—大巴山是我国腹地一个主要的复合造山带，也是我国重要的有色金属和贵金属成矿带。秦巴山脉区域复杂的地质构造演化历史，形成了丰富的铜、钼、铅、锌、银、金、汞、锑等矿产资源。秦巴山脉南北跨扬子、华北两个板块。东西秦岭、龙门山形成4个大型成矿带、8个成矿亚带，各带特色明显，其中已发现矿产100余种，部分矿产在全国乃至亚洲地区具有一定的优势，特别是钼、金、铅锌、汞锑、钡锰、天然气、毒重石、锰等优势明显，主要矿产分布相对集中。截至2015年，秦巴山脉区域内已探明的矿种达37种、矿点2 273处，矿产资源价值70.7万亿元，约占潜在矿产资源价值的7.66%，其中非金属矿产所占比例较高。秦巴山脉区域内矿产资源开发企业有2 516家，以河南、陕西为主，从业人口达54万人，矿业企业产值在地方经济中占有比较重要的地位。

　　秦巴山脉区域内矿产资源开发企业除少部分大中型企业外，大多数小型矿山企业资源储备不足，开发规模较小，技术水平相对较低，产业链短小，以低等级的初级产品为主。矿山采选和资源综合利用水平不高，不具有创新研发能力，技术装备较难得到及时升级改造与更新换代；区域内尾矿库达1 300余座，尾矿堆积规模大、综合利用率低，特别是有色金属、贵金属矿产，尾矿产出比例高，但资源化利用程度低。秦巴山脉属于我国南北气候分界线，承载着中部气候调度与国内主要河流的水源补给的功能，同时也是南水北调的水源涵养地。受青藏高原隆起等影响，秦巴山脉地质环境和自然地理环境较差，地质灾害频发，东西、南北地质条件差异巨大，环境承载力弱。由此，秦巴山脉矿产资源总体勘查程度低，规划利用水平不足，300米以浅矿产资源探明程度仅为40%；秦巴山脉区域内矿产以共（伴）生综合矿为主，给开采加工、综合利用和环境治理带来一定的压力，技术研发与创新后劲不足，尚未形成系统的技术积累和绿色循环开发条件，生态保护与矿业开发矛盾突出；现役和废弃矿山空间资源闲置，给后期治理和灾害控制带来一定的风险，秦巴山脉区域绿色矿业开发技术推广应用不足；空间上，大型矿产集聚区大多分布在各省（区、市）接壤区域内，导致同矿种、同类型、同矿带分省（区、市）、分区分采的人为分割较为普遍。秦巴山脉区域矿（带）体的整体性与行政管理分割，导致一矿多开，缺乏整体规划与布局，无法实现矿业集约化开发。整体上，矿业纵向产业链很短，在横向上综合开发与融合很窄，产业发展乏力。

本书针对上述问题，从自然资源环境与矿产资源禀赋特征出发，以生态建设为核心，创新驱动，发展秦巴山脉区域矿业经济。以秦巴山脉矿集区为纽带，通过矿业绿色循环发展扶持区域民生建设，破除行政壁垒，构建区域矿业发展新模式，构建生态矿业。针对秦巴山脉生态功能区的地位，践行创新、协调、绿色、开放、共享的五大发展理念，将"广勘查、强保护、多储备、慎开发"作为秦巴山脉矿产资源开发的行动方针；以"面保护、点开发、少扰动、控灾害"为思路走依靠技术创新的低影响开发路线。通过实施区域环境制约与矿业发展速度控制、区域矿山与矿业园区结合的生态矿业发展，实现国土资源多元性开发与固体废物减量化（含矿区生态重建）、矿（物）产出（品）与环境影响度、排放比例控制。探索走矿产资源"蓝色开发规划—绿色开采—节约与循环利用—集约开发（园区）"的秦巴山脉矿业经济发展模式。

主要战略方向：以矿集区低影响开发为基础建立跨行政区域的绿色循环矿业产业体系；对生态核心区、环境成本高的矿业实行关闭退出机制，其他区域按照环境承载能力要求逐步退出，或通过提高矿业开发各环节技术水平，使生产过程排废低于区域环境承载能力；对环境保护区已探明矿产，加强科研攻关，实行国家战略储备，控制开发节奏，保障国家发展急需；落实矿山整合与退出保护机制；通过理论创新、技术创新、应用创新、设计创新等在深度、广度等多维度体系，建立新型的生态矿业模式。由此，重点解决以下主要问题。

（1）通过对矿床（矿体）规模、资源集中度、环境容许承载力和环境影响度评价，分级管理确定开发强度。实施有序退出、资源储备、矿产资源绿色开发并举；着力研究开发环境敏感山区矿产资源开发的系列工程技术措施。

（2）通过对生态功能过渡区和开发区开展资源勘查，掌握资源规模，提高资源的保证程度。加强秦巴山脉主要成矿带和潜力成矿区域综合地质勘查，逐步查清潜在资源总量和开发地质环境控制条件，为战略储备和应急开发提供条件。对现有退出开发的小矿区和小规模矿床，开展深部和跨区域综合矿产资源勘查，了解或扩大资源集中度水平，为规划资源储备与规模化开发提供基地。

（3）以矿体储量规模、矿种需求度、国内外的获得性、单位面积环境承载力或扰动破坏容许度、开发环境度为依据开展综合分析，评价矿产开发与环境可行性。

（4）对规模小、优势不强、环境敏感及国内外其他区域替代性较强的矿床采取限制和退出开发，还人民群众青山绿水。借鉴国外经验，开展深部找矿与国家战略储备，实现"藏矿于（基）地"。

（5）在实施矿产资源绿色开发的过程中，学习国外经验，积极对地热、采矿空间进行综合利用和开发，作为军事战略物资储备蓄能电厂。

（6）根据资源规模和集中程度，打破区域分割，通过整理、整合，采取"区域矿山"，集中开采、集约经营，工业园区循环加工，建立高效开采、综合利用、废弃物资源化、生态修复、灾害防治的综合系统，减少生态环境扰动与破坏，走绿色循环产业园区发展之路。

（7）开展技术研发和技术储备，以科技为支撑走内涵式现代矿业发展道路。积极开展无（少）废开采和智能化开采技术及其装备体系技术、空间利用技术，资源高效综合回收技术、低品位综合矿的选冶技术集成、循环体系建设等研发。通过科研攻关，立足于在特殊时期"藏得住、快启动、尽利用"的资源开发能力，实现"藏矿于技（术）"。探索环境脆弱与敏感地区的矿产开发与地质灾害防控、尾矿库安全、水体污染源等综合消除与治理新模式。

本书通过比较分析提出秦巴山脉矿产资源区域分布特征和秦巴山脉矿产资源开发利用区划分级，为进行区域国土空间与资源开发规划提供参考。由此可以从根本上解决资源需求和环境保护的一系列矛盾，很好地发展地方经济。

第1章 秦巴山脉区域矿产资源赋存及勘查现状

1.1 秦巴山脉区域矿产资源分布及成矿地质特征

秦巴山脉位于川、渝、陕、陇、鄂、豫五省一市交界处，在行政区划上，包括陕西汉中、宝鸡、安康、商洛，湖北襄阳、十堰、荆门、随州、神农架林区，四川达州、巴中，甘肃陇南，重庆万州及河南南阳等地市，面积约270 000平方千米。

秦巴山脉位于北纬31°42′-34°45′，东经105°46′-111°15′，西起青藏高原东缘，东至华北平原西南部，跨秦岭、大巴山。秦巴山脉区域有众多的小盆地和山间谷地相连接，其中以汉中盆地、西乡盆地、安康盆地、汉阴盆地、商丹盆地和洛南盆地最为著名。这里土地肥沃，气候温和，河流纵横，阡陌交错，是陕南的主要产粮区。秦巴山脉处于长江水系与黄河水系的分界地带，区域内山脉包括神农架、武当山、荆山、秦岭、伏牛山、熊耳山、崤山、大巴山、米仓山、摩天岭等。

从地理位置上来看，秦岭是衔接昆仑山和桐柏山—大别山的东西向山脉，西起青海鄂拉山，东经天水麦积山入陕西，至河南分为北崤山、中熊耳、南伏牛三支。大巴山东与神农架、巫山相连；南与摩天岭相接；北以汉江谷地为界。构造地质学认为，秦岭、大巴山同属秦岭—大别造山带，又称中央造山带，这一地区包括秦岭、大巴山、米仓山、大别山和积石山以北的广大地区[1]。

秦巴山脉是东西、南北交通联系的汇聚区。秦巴山脉区域内因地势险峻，交通相对不便，境内交通主要依赖宝成、汉渝、阳安、西康、襄渝、汉丹等铁路，西汉、西康、安汉、京昆、连霍、福银等高速公路，以及G108、G210、S102、S210、S212、310、316、416、710等主要干线公路，基本实现县通二级公路、乡通柏油马路。

　　秦巴山脉区域经济比较落后，发展缓慢，高新技术产业相对较少，因交通不便，基础设施落后，加上观念滞后和封闭意识，逐渐成为全国贫困地区。秦巴山脉是南北气候交会区，具有生物多样性的客观环境，又是国家重要的水源涵养生态功能区，环境保护的重任也限制了秦巴山脉区域的发展。

　　秦巴山脉区域作为新丝绸之路经济带的起点、主要通道、经济生态辐射区，应抓住机遇，发展绿色循环经济，使秦巴山脉区域成为具有示范意义的绿色循环发展先行区。

　　秦岭—大巴山是我国腹地一个主要的复合造山带，也是我国重要的有色金属和贵金属成矿带。秦巴山脉区域复杂的地质构造演化历史，形成了丰富的铜、钼、铅、锌、银、金、汞、锑等矿产资源，同时也是山川秀美的仙境。秦巴山脉区域内已发现金、银、钼、铜、铅、锌、汞、锑、钨、铁、镍、铬、钴、锰、钛、钒、砷、铌、铀、硫、磷、稀土、铝土矿、重晶石、金红石、钾长石、石墨、石膏、石棉、蓝晶石、萤石、天青石、白云母、红柱石、水晶、宝玉石、玻璃用硅质岩等矿产105种。其中，钒、铅锌、金、钼、锑、汞、铁、锰、镍、磷、硫、大理石等矿产储量居全国前列。

　　秦巴山脉矿产资源种类丰富、资源储量优势明显，区域内优势矿产为钼、铅锌、金、汞、锑、钡锰、天然气、磷、岩盐、水泥用灰岩等。其中，秦巴山脉陕西片区优势矿产为钼、铅锌、汞、锑、金、水泥用灰岩、玻璃用硅质岩、盐矿、重晶石；秦巴山脉河南片区优势矿产为钼、铅锌、蓝晶石、天然碱、红柱石、铝土、金、煤；秦巴山脉甘肃片区优势矿产为金、铅锌、重晶石；秦巴山脉湖北片区优势矿产为磷、钛（金红石）、铁、石膏、水泥用灰岩；秦巴山脉四川片区优势矿产为锰、金、铅锌、钼、铀、铜、磷、天然气；秦巴山脉重庆片区优势矿产为煤、铁矿、锰矿、毒重石（钡矿）、水泥用灰岩、粉石英、岩盐等。

1.1.1　秦巴山脉构造背景

　　秦巴山脉区域是我国大地构造的关键部位，是南北、东西构造交会、过渡与联结的枢纽地带。其成矿作用复杂，各类矿床广泛分布，成为我国研究造山带成矿作用的经典地区。秦岭成矿带按不同构造学观点，构造划分存在很大差异。关于秦岭造山带的大地构造分区，以往有二分法[2]、三分法[3]、四分法[4]、五分法[5]。秦岭造山带主要包括13个主要构造单元[6]、3种构造体控制[7]，不同方法分类表见表3-1-1。本书采用五分法。

表3-1-1　秦岭造山带大地构造不同方法分类表

二分法	三分法	四分法	五分法	13个主要构造单元
	华北板块	华北陆块南缘	华北板块南缘	华北南缘陆坡带
北秦岭	秦岭微板块	北秦岭	北秦岭构造带	北秦岭弧杂岩带+岛弧杂岩带
			中秦岭构造带	中秦岭弧前盆地系
南秦岭		南秦岭	南秦岭构造带	南秦岭增生混杂带+岛弧杂岩带+弧前盆地系+弧后杂岩带+弧后陆坡带+南秦岭—龙门山前陆褶冲带
	扬子板块	扬子陆块北缘	扬子板块北缘	三叠纪残余海盆；中—新生代走滑拉分和断陷盆地；基底断块

注：三分法、四分法采用提出者的描述方法

1. 华北板块南缘构造带

华北板块南缘构造带位于宝鸡—洛南—栾川断裂带以北，包括小秦岭地区。该构造带从太古宇至第四系各时代、各种类型的沉积地层发育齐全。侵入岩较为发育，特别是小秦岭地区，有大面积的燕山期晚期中深源花岗岩发育，是小秦岭金矿、钼矿成矿系统形成的主要动力和热力来源，也是成矿的主要物质来源之一。

2. 北秦岭构造带

介于宝鸡—洛南—栾川断裂带与商丹断裂带之间的北秦岭构造带，出露最老地层为新太古—古元古界的秦岭群、陇山岩群、大别群等，均为一套变质海相火山—沉积地层，火山岩主要为基性岩和中酸性岩，多形成于大陆裂谷和陆缘裂谷环境。北秦岭构造带的侵入岩较发育，主要以早古生代岛弧花岗岩类为主，印支、燕山期花岗岩体出露次之[5, 8]。

3. 中秦岭构造带

中秦岭构造带地处商丹断裂带与留坝—山阳断裂带之间，其主体发育一套以刘岭群（Pz_2）为代表的弧前盆地沉积岩系[5, 6]，是热水盆地喷流成矿的重要赋矿岩系，形成了中秦岭西成—凤太—山柞铅锌矿集区。中秦岭构造带中侵入岩较为发育，主要为印支—燕山期[239~145 Ma（mega annum，百万年）]花岗岩类。

4. 南秦岭构造带

南秦岭构造带介于留坝—山阳断裂带与勉略—北大巴山断裂带之间，区域断裂构造以勉略断裂带为主，为南秦岭重要的古缝合带。

5. 扬子板块北缘构造带

扬子板块北缘构造带地处勉略断裂带以南，从太古宇—中生界地层均有出露，最老基底地层为新太古代鱼洞子群、陡岭群和后河群，主要为一套花岗—绿岩建造。区域断裂构造以勉（县）—略（阳）断裂带和大巴山弧形断裂带为主。其中，勉（县）—略（阳）断裂带介于碧口群与扬子台缘断隆带之间，呈NEE（北东东）向展布，向北交于勉略断裂带，向西南交于龙门山大断裂上，是一条具有多期活动特点的边界性大断裂。

大巴山弧形断裂带位于秦岭造山带与四川盆地的过渡部位，西邻汉南—米仓山隆起、东端止于黄陵隆起，总体上为一向南西凸出的弧形构造带。

1.1.2　秦岭造山带（秦巴山脉）成矿系统

秦岭造山带（秦巴山脉）成矿系统，以及秦岭造山带铜、钼、铅、锌、银、金、汞、锑等内生金属矿床受7个主要的成矿系统控制，形成了18个主要成矿系列，建立了铜、金、铅、锌、银等矿床系列的区域成矿模式[4]。

本书结合秦岭造山带板块构造格局及演化过程中有关成矿作用和矿产分布规律，认为区域内23个金属成矿系统在空间分布上大致集中在5个大的矿集区内，从矿床特征、成矿条件、控矿因素、成矿机理及成矿自动力功能系统等方面进行详细研究（表3-1-2）[6]。

表3-1-2　秦岭造山带成矿系统分类及典型矿床一览表

成矿系统	典型矿床	形成机理及探明储量
华北南缘小秦岭金、钼矿集区——后弧岩浆热液成矿系统	文峪大型金矿床、大湖金钼矿床、金堆城（超大型）钼矿床、黄龙铺碳酸岩脉型钼（铅）矿床	小秦岭金、钼矿集区位于华北南缘构造带的南侧，是世界级的金、钼成矿省。北部为金矿，南部为钼矿；已发现金矿床100多处、钼矿床30多处，探明储量分别达600吨和500万吨以上，分别排在我国第二位和世界第一位
中秦岭西成—凤太铅锌、金矿集区——增生弧前盆地热水成矿系统	厂坝热水沉积型（sedex）铅锌矿床、八卦庙韧性剪切带型金矿床、双王隐爆角砾岩筒型金矿床	沿岷礼—西成—凤太—山柞一线有大规模的金、铅锌矿形成，已发现超大型矿床2处，矿床（点）130多处。已探明铅锌储量和金储量分别达3 000万吨和500吨以上，是我国重要的有色金属、贵金属基地之一
勉略宁"三角"地区铜、金矿集区——中新元古代活动陆缘成矿系统	构造蚀变岩型金矿——旧房梁金矿床、火山块状硫化物（VMS[1]）型矿床——银厂沟铜（铅）锌矿床、黑矿型——东沟坝多金属矿床、斑岩型铜矿——铜厂铜矿床	中新元古代由以碧口蛇绿杂岩为代表的"元古洋盆"在消减关闭过程中在其西大陆东缘活动陆缘成矿系统中形成
南秦岭镇旬盆地铅锌、金矿集区——隐伏俯冲沉积楔和残留盆地成矿系统	下志留统中的黄石板铅锌矿床、下泥盆统中的赵家庄铅锌矿、镇安—板岩弧前构造带中的金龙山金矿床、石泉—汉阴弧前构造带中的黄龙金矿床	镇旬盆地属南部的旬阳残留盆地和北部的镇安—板岩弧前盆地叠加而组成的一个复合性沉积盆地。已发现铅锌矿床点50多处，金矿点30多处，初步形成了南秦岭重要的铅锌、金矿集区

续表

成矿系统	典型矿床	形成机理及探明储量
扬子北缘灯影组铅锌矿集区——"热基底"热水循环成矿系统	马元矿床	扬子北缘沿汉南古陆南缘上震旦统灯影组白云岩层位普遍有铅锌矿分布，以马元铅锌矿床（大型）为代表，目前（陕西部分）已发现矿床4处，矿（化）点20多处，成为我国重要的铅锌矿集区

1）VMS：volcanogenic massive sulfide，火山生成的块状硫化物

1.1.3   秦巴山脉区域成矿分布规律

在地质构造历史中，沉积-层控成矿作用逐渐由以铁、钒、磷矿为主过渡为以有色金属、煤和盐类矿产为主，火山成矿作用主要发生于元古宙和早古生代，以有色金属和贵金属成矿作用为主；变质成矿作用主要发生于太古宙、元古宙和早古生代，以形成铁矿、钛矿和石墨、蓝晶石等非金属矿产为主；与花岗岩类有关的成矿作用主要发生于燕山期，自老而新形成的矿产组合渐趋复杂，与基性、超基性岩类有关的成矿作用主要发生于元古宙和早、晚古生代，由以钒钛磁铁矿为主过渡为以镍、铜和稀有、稀土金属矿为主，与构造蚀变有关的成矿作用主要发生于燕山期。多种成矿作用的历史叠加，组成了九个各有特征的成矿期[9]：

（1）前震旦纪沉积变质型铁、稀土金属、磷灰石矿—石英脉型金矿—变质型金红石、石墨矿成矿期。

（2）震旦纪沉积型银、锰、磷矿成矿期。

（3）早古生代火山型铜铅锌金银矿—与超基性岩有关的镍矿、石棉矿—沉积型锰、钒、磷矿和重晶石、毒重石矿—伟晶岩型稀有金属、云母矿成矿期。

（4）泥盆纪喷气沉积型铅、锌、银、菱铁矿、重晶石矿—钠长板岩角砾岩型金矿成矿期。

（5）石炭二叠纪沉积型铝土矿、耐火黏土矿、煤矿—超基性岩浆型多金属铜矿—碱性超基性岩浆型磷灰石、铌、稀土金属矿成矿期。

（6）中生代斑岩和矽卡岩型多金属钼钨矿、构造蚀变岩型金矿和层控砷（钨）、金、锑、汞矿成矿期。

（7）新生代盐湖沉积型石膏、芒硝、天然碱、钠盐矿—沼泽沉积型泥炭矿—沙金矿和金红石砂矿成矿期。

（8）中生界及新生界巨厚的陆相、河湖相碎屑岩建造主要分布于龙门山前油气成矿带。中三叠统雷口坡组膏岩层、侏罗系泥岩封闭条件好，蕴藏下二叠统以来的油气资源。

（9）米仓山—大巴山油气成矿带成矿时代延伸较远，寒武-奥陶纪古深水陆棚沉积为寒武系筇竹组及志留系龙马溪组页岩分布起重要作用，油气富集于巫

溪、奉节地区；二叠系开江—梁平海槽控制了长兴、飞仙关组油气的富集与分布；三叠系-侏罗系微弱的跷跷板式的区域构造运动为雷口坡组及侏罗系生成的油气侧向运移创造了良好的区域构造条件，形成中三叠统雷口坡组、上三叠统须家河组及侏罗系油气藏。

1.2　秦巴山脉区域矿产资源勘查现状

1.2.1　秦巴山脉区域矿床分类

秦巴山脉区域已知矿床（点）组（同类、同期、相距较近的多种共生和伴生矿产的自然组合体）1 037处，其中包括单矿种矿产地563处，被划分为30多种矿床类型，成矿特征是：与中酸性和超基性岩类有关的成矿作用均自岩浆期延至去岩浆期后，斑岩型、矽卡岩型、爆破角砾岩型和热液型矿化往往在同一矿床中相互共生、过渡，高温、中温、低温矿物往往在同一矿床或矿体中同时出现，一些外生矿床的成矿物质来自上地幔或地壳深部，一些内生矿床的成矿物质来自外生沉积岩系和地表水，不少矿床是多源、多期、受多种因素控制形成的。为便于总结成矿分布规律，突出反映矿床产出的地质构造条件，利于指导找矿工作，并逐步使矿床分类系列化，我们按控制成矿的主要地质构造作用将矿床划分为七大类[10]。

1. 砂矿床

沙矿床产于第四系沙砾层中，以沙金矿和锆石-金红石砂矿为主，伴生有独居石、磁铁矿、钛铁矿和石榴石矿等，受区域地质背景和第四纪气候控制，分区集中产出。

2. 沉积-层控型矿床

沉积-层控型矿床产于一定的沉积岩系中，具有一定的成矿层位，矿体以层状、似层状为主，探明非金属矿产33种，金属矿产22种。

3. 火山岩型矿床

火山岩型矿床产于一定的火山岩系中，包括火山沉积、火山热液、火山喷气型和与次火山岩有关的矿床，探明非金属矿产6种，金属矿产14种。

4. 变质矿床

变质矿床产于深变质岩系中，包括沉积变质、变成型矿床和石英脉型金矿，探明非金属矿产17种，金属矿产14种。

5. 与花岗岩类有关的矿床

探明金属矿产28种，非金属矿产14种，矿床类型和矿产组合与花岗岩类的化学成分、深度相和围岩地层有关。

6. 与基性、超基性岩类有关的矿床

与基性、超基性岩类有关的矿床产于基性、超基性岩和正长岩—碳酸岩体中，成矿作用自岩浆期延至岩浆期后，探明金属矿产16种，非金属矿产7种。

7. 构造蚀变岩型矿床

构造蚀变岩型矿床产于构造蚀变带中，是由矿源层中的成矿元素，在构造和热液作用下，经活化、迁移，于构造蚀变岩中富集而成的矿床。目前，探明矿床以金矿为主，主要集中产于华北地台成矿区的熊耳群火山岩系中，沿北东向断裂带分布，其中往往伴生有铅、锌、银、铜、镍、钴、碲等矿产。

1.2.2　秦巴山脉区域矿产资源勘查程度

2014年，中央地质勘查基金项目部署围绕国家能源、资源战略，继续发挥地勘基金在找矿突破战略行动中的衔接拉动作用，充分发挥中央和省级地勘基金的协调联动机制，形成合力，全力助推"找矿突破战略行动"，开展国家级整装勘查区重要矿种的勘查，重点支持煤、铀、铁、铜、钾盐等国家能源和急需紧缺矿产勘查，新发现一批大型、中型矿床，煤、铀、铁、钛、钒等矿产资源量有较大幅度提高。

秦巴山脉区域地质勘查投入逐年加大，地质工作得到迅速发展，取得了一大批地质成果，为经济社会发展起到了重要支撑作用。

秦巴山脉区域内基础地质成果颇丰，为矿产资源勘查评价提供了基础资料。已完成1∶100万、1∶50万、1∶20万区域地质调查工作，部分区县完成了1∶5万区域地质调查和1∶5万区域矿产调查等研究工作。

矿产勘查成效显著，重要矿产资源储量逐步稳增。总体而言，重庆地区铁、煤勘查程度相对较高，天然气、锰、岩盐、硫铁矿、水泥原料、冶金辅助原料、钡矿等次之，铅锌等有色金属、贵金属及多数非金属矿种勘查程度较低。

秦巴山脉区域矿产资源丰富，矿产分布较广泛，主要矿产资源集中度较高，具有地域分布组合优势，有利于建立较完备的、规模化的矿业及矿产加工体系。规模均以中小型矿床为主，大型矿床比例较少；能源矿产、非金属矿产多，金属矿产少；共生、伴生矿床多，单一矿床少；贫矿、难选冶矿多，富矿少。近年来，各省（市）厅局地勘部门加大秦巴山脉矿产勘查力度，陕西、河南、湖北、四川、甘肃、重庆六个省市所属秦巴山脉区域内矿产勘查成效显著，重要矿产资源储量稳步增加，小秦岭地区、陕甘川地区等在战略性矿产勘探方面取得重大突破。根据矿产预测研究分析结果，到目前为止，秦巴山脉区域矿产资源的探明率约为20%，仍是我国最具成矿潜力和找矿远景地区之一。

1.2.3　秦巴山脉区域矿产资源储量及价值

秦巴山脉区域已发现矿产105种，包括金属矿产和非金属矿产两类，详见表3-1-3。金属矿产主要有37种，探明矿产资源价值约占秦巴山脉区域矿产资源总价值（铀、玉石、宝石价值未计）的7.66%。

表3-1-3　秦巴山脉区域主要矿产资源/储量统计简表

矿种			矿区/个	储量单位	资源量	潜在价值/亿元
黑色金属		铁矿	158	万吨	92 834.36	3 156.37
		锰矿	50	万吨	2 523.82	6.56
		铬矿	32	万吨	146 312.00	190.21
	钛矿	钛铁矿	2	万吨	39 737.20	1 788.17
		金红石	26	万吨	6 858.52	4 458.04
		菱铁矿	2	万吨	37 250.89	745.02
		钒矿	82	万吨	303.00	2 424.00
有色金属		铜矿	141	万吨	961.21	182.63
		铅矿	165	万吨	2 671.76	1.07
		锌矿		万吨		
		铝土矿	6	万吨	76 562.80	918.75
		镍矿	3	万吨	27.29	1.09
		钴矿	7	万吨	42.00	499.80
		钼矿	19	万吨	610.12	20.74
		汞矿	9	万吨	513.18	37 718.73
		锑矿	23	万吨	25.27	55.09
贵金属	金矿	岩金	210	吨	2 484.65	1 739.26
		沙金	26	吨		
		伴生金	0	吨		
		银矿	4	吨	4 493.29	0.03
稀有稀土分散矿		铌矿（Nb_2O_5）	5	吨	26 375.00	34.29
		铍矿（绿柱石）	2	吨	42.00	0.01
		锶（天青石）	2	吨	7 312 742.00	36.49
		稀土矿（稀土氧化物）	2	吨	364 154.00	54.62
		铼	4	吨	125.00	125.00
		镉	3	吨	4 908.00	2.10
		硒	4	吨	586.30	0.85
		碲	2	吨	281.00	0.69

续表

矿种		矿区/个	储量单位	资源量	潜在价值/亿元
非金属	煤	32	万吨	218 888.32	10 944.42
	萤石	28	万吨	256.80	38.52
	石墨矿	52	万吨	10 946.04	5 035.18
	重晶石	60	万吨	53 650.05	2 414.25
	毒重石矿	6	万吨	5 108.28	306.50
	磷矿	34	万吨	74 855.63	3 593.07
	石棉矿	4	万吨	23 348.68	2 241.47
	蓝石棉矿	38	吨	194.80	15.58
	云母矿	14	吨	178.10	0.01
	滑石	10	万吨	135.32	0.95
	石膏	10	万吨	6 126.46	214.43
	石灰岩	16	万吨	66 695.35	533.56
	大理石	8	亿万平方米	1.556 4	622 560.00
	白云石	18	万吨	1 312.00	26.24
	高岭土	4	万吨	268.00	2.95
	天然气	11	亿立方米	2 243.79	4 487.00
合计					706 573.74

资料来源：中国工程院2015年的《秦巴山脉绿色循环发展战略研究》的陕西、河南、湖北、重庆、四川、甘肃省调研分报告[11~16]

　　秦巴山脉黑色金属矿产主要有6种，潜在价值占秦巴山脉区域总资源的1.81%，以钛、铁、钒为主；有色金属矿产9种，潜在价值占秦巴山脉区域总资源的5.58%，以汞、铝土矿、钴、铜、锑、钼矿为主，铅、锌矿、镍矿少量，伴生铋矿、锡矿；贵金属矿产有金、银2种，潜在价值占秦巴山脉区域总资源的0.25%；稀有稀土分散矿产主要有8种，潜在价值占秦巴山脉区域总资源的0.04%，以铼、稀土、铌、锶矿为主，镉、硒、碲、铍、钽、锂、锆、铷、铯矿少量。秦巴山脉区域价值较大的主要矿产有铌、铝土、钼、铁、金、锌等。非金属矿产潜在价值占秦巴山脉区域总资源的92.33%。其中，能源矿产（煤矿、天然气），潜在价值占秦巴山脉区域总资源的2.18%；冶金辅助原料、化工原料矿产、建材及其他非金属矿产潜在价值占秦巴山脉区域总资源的90.15%。秦巴山脉区域价值较大的非金属矿产有大理石、煤、石墨、天然气、磷矿、重晶石、石棉、石灰岩、毒重石等。

1.2.4　秦巴山脉区域矿产资源在我国矿产中的地位

1. 有色金属矿产资源分布情况

1）钼矿

钼矿大型矿床多，如陕西金堆城钼矿、河南栾川钼矿、汝阳县东沟钼矿、信阳千鹅冲钼矿、安徽沙坪沟钼矿、辽宁杨家仗子钼矿、吉林大黑山钼矿等均属世界级规模的大矿。

我国的钼矿就大区分布来看，中南大区占全国钼矿总储量的35.7%，居首位。东北大区19.5%、西北大区13.9%、华北大区12%次之，而西南大区仅占4%。就各省（区）来看，河南储量最多，占全国钼矿总储量的30.1%，陕西占13.6%、吉林占13.0%、山东占6.7%、河北占4.0%、辽宁占3.7%、内蒙古占3.6%次之。以上7个省（区）合计储量占全国钼矿总储量的74.7%。秦巴山脉区域内的陕西金堆城钼矿、河南栾川钼矿、汝阳县东沟钼矿属世界级钼矿，在我国钼矿资源中有着举足轻重的作用，位居亚洲前列。栾川钼矿储量达200万吨，金堆城钼矿储量达75万吨，东沟钼矿储量超过70万吨。秦巴山脉区域钼矿产能占全国比例的21.59%。

2）铅锌矿

截至2015年，我国累计探明铅资源量7 384.9万吨，锌资源量14 486.1万吨[17]。全国铅产量排名前5位的省有河南、湖南、云南、湖北和江西，5省产量占全国总产量的83.1%；全国锌产量排名前5位的省（区）有湖南、云南、陕西、广西和内蒙古，5省（区）产量占全国总产量的69.1%，锌产业的相对集中度较铅产业低。

从富集程度和现保有储量来看，铅锌矿主要集中在7个省（区），云南、内蒙古、甘肃、广东、湖南、四川、广西等，合计约占全国的66%。国家级重点成矿区（带）主要集中在川滇黔成矿带、西南三江成矿带、秦岭成矿带、南岭成矿带、大兴安岭成矿带、冈底斯成矿带及内蒙古狼山—渣尔泰山地区等。

秦巴山脉区域内甘陕交界的西成—凤太矿带，有丰富的铅锌矿产资源。陕西有铅硐山铅锌矿、二里河铅锌矿、银洞梁铅锌矿等大中型铅锌矿山。厂坝—李家沟铅锌矿达到超大型规模。西成铅锌矿带属全国第二大铅锌矿带，已探明铅锌金属量1 200多万吨。宝鸡凤太矿区铅锌矿远景储量100万吨。秦巴山脉区域铅锌矿储量占全国的36.18%。

3）金矿

我国的金矿资源比较丰富，主要产区有4处，即胶东半岛、小秦岭地区、滇黔桂金三角及西北地区的几个省（区）（新疆、青海、四川等），其中，山东地区的金矿产量占据我国黄金生产的大部分。2015年11月，莱州三山岛北部海域金矿床的金矿资源量达470多吨，莱州三山岛北部海域金矿尚属全国首个海上发现的金矿。莱州已探明的黄金储量达2 000多吨，是名副其实的"中国黄金储量第一市"。

我国共有7个岩金生产基地，分别是胶东、小秦岭、燕辽—大青山、辽吉东部、清黔桂三角区、鄂皖赣三角区、新疆北部，其中山东、河南、陕西、河北4省保有储量约占岩金总储量的46%以上；山东省岩金储量接近岩金总储量的1/4，居全国第1位。

沙金主要分布于黑龙江，占27.7%，四川次之，占21.8%，两省合计几乎占沙金保有储量的一半。

我国的伴生金储量占全国金矿总储量的28%，绝大部分来自铜矿石，少量来自铅锌矿石，主要集中于江西、甘肃、安徽、湖北、湖南5省，约占伴生金总储量的67%，其中江西居第1位。

秦巴山脉区域内小秦岭金矿是我国7大岩金基地之一，位于全国第2位。代表性的矿山有秦岭、文峪、潼关等金矿。阳山金矿初步探明储量308吨，类卡林型金矿储量中，排名亚洲第1位，世界第6位。三门峡市黄金储量、产量居全国第2位。秦巴山脉区域金矿产量占全国金矿的25.31%。

4）汞锑矿

我国的锑矿主要分布在湖南、广西、贵州、云南。最著名的锑矿是湖南锡矿山，储藏量居世界第1位。锑矿（或汞锑矿）区主要有湖南省的新晃、锡矿山、板溪矿区，贵州省的万山、务川、丹寨、铜仁、晴隆矿区，广西壮族自治区的大厂矿区，甘肃省的崖湾矿区，陕西省的旬阳矿区。

秦巴山脉区域内的旬阳汞锑矿是我国乃至亚洲最大的汞矿生产基地，其汞产量占全国总产量的70%。

5）锶矿

我国的锶矿储量占全球一半，是优势战略性矿产。我国锶矿主要分布在重庆、青海、湖北、江苏、四川、云南、新疆等地，主要矿集区在重庆铜梁、大足县，湖北黄石市和青海省大风山。但青海很多资源开采难度大，运输成本高。天青石品位以重庆铜梁、大足为最好，湖北杂质较多，生产工艺复杂。

秦巴山脉区域内锶矿产量占全国总产量的16%。

6）铜矿

我国铜保有储量6 243万吨，居世界第7位，探明储量中富铜矿占35%。江西铜储量位居全国榜首，占20.8%；西藏次之，占15%；云南、甘肃、安徽、内蒙古、山西、湖北等省的铜储量均在300万吨以上。我国铜矿分布具有明显地域差异。东部沿海地带包括辽宁、河北、山东、江苏、浙江、福建、广东等7省（区）；中部地带包括黑龙江、吉林、内蒙古、山西、河南、安徽、江西、湖北、湖南等9省（区）；西部地带包括西北地区的陕西、甘肃、宁夏、青海和新疆，以及西南地区的四川、贵州、云南和西藏，共9个省（区）。东部沿海地带的铜矿储量占全国总储量的9.1%，中部地带占49.6%，西部地带占41.3%。

7）钨矿

我国是世界上钨矿资源最丰富的国家，已探明矿产地有252处，分布于23个省（区）。就省（区）来看，以湖南（白钨矿为主）、江西（黑钨矿为主）居多，储量分别占全国总储量的33.8%和20.7%，河南、广西、福建、广东等省（区）次之。

江西大余县是世界著名的"钨都"。湖南省郴州市柿竹园是一个"世界有色金属博物馆"，拥有140多种矿物。2016年1月，江西浮梁县超大型钨铜矿——朱溪钨铜矿，探明三氧化钨资源量286万吨，钨矿储量规模刷新世界纪录，成为迄今世界上发现的资源量最大的钨铜矿。

我国主要有湖南柿竹园钨矿，江西西华山、大吉山、盘古山、归美山、漂塘等钨矿，广东莲花山钨矿，福建行洛坑钨矿，甘肃塔儿沟钨矿，河南三道庄—栾川钼钨矿等。

秦巴山脉区域内钨矿主要有河南三道庄钼钨矿、陕西镇安东阳钨矿，金属量5.4万吨。2012年，在河南省栾川地区找到一处大型隐伏钼钨矿产地，其资源量钼为30.65万吨、钨为12.54万吨。

8）铝土矿

我国的铝土矿居世界第7位，产地310处，分布于19个省（区），总保有储量矿石22.7亿吨。山西铝土矿资源最多，保有储量占全国储量的41%；贵州、广西、河南次之，各占17%左右。

秦巴山脉区域内铝土矿主要集中于河南，约占全国储量的18%。

9）镍矿

我国的镍矿资源不能满足需要，总保有储量784万吨，居世界第9位。镍矿产地有近100处，分布于18个省（区）。就大区分布来看，镍矿主要分布在西北大区、西南大区和东北大区，其保有储量占全国总储量的比例分别为76.8%、12.1%、4.9%。就各省（区）来看，甘肃储量最多，占全国镍矿总储量的62%（其中金昌的镍产提炼规模居全球第2位），新疆（11.6%）、云南（8.9%）、吉林（4.4%）、湖北（3.4%）和四川（3.3%）次之。甘肃金川镍矿规模仅次于加拿大的萨德伯里镍矿，为世界第二大镍矿。

10）钴矿

钴除单独矿床外，大量分散在夕卡岩型铁矿、钒钛磁铁矿、热液多金属矿、各种类型铜矿、沉积钴锰矿、硫化铜镍矿、硅酸镍矿等矿床中，其品位虽低，但规模往往较大，是提取钴的主要来源。甘肃金川、四川会理、吉林磐石铜镍矿开发后，硫化铜镍矿又成为回收钴的重要资源。金川有色金属（集团）股份有限公司的钴回收包括从镍电解系统净化钴渣中生产电解钴和氧化钴，从转炉渣提钴流程产出的富钴冰铜中生产氧化钴两部分。目前，金川有色金属（集团）股份有限公司的钴产量已占全国总产量的70%以上，成为我国钴生产的重要基地。

秦岭山脉区域内钴主要伴生于煎茶岭镍矿中，南郑县二郎坝钴铅锌矿、山阳县凤凰镇钴镍矿次之。

2. 黑色金属矿产资源分布情况

1）铁矿

我国的铁矿石储量水平比较稳定，维持在200亿吨左右。2014年，我国铁矿石储量约为230亿吨。就省（区、市）而言，基础储量辽宁省位居首位，占全国总储量的28.24%，四川省的基础储量排名第2位，占全国总储量的13.35%。河北、内蒙古、山西、山东、安徽、湖北次之。辽宁、四川、河北3省的基础储量占全国总储量的53.62%。从区域看，环渤海地区是我国铁矿石资源的主要分布地区，西南地区储量也较多，其他地区储量较低[1]。

秦巴山脉区域内商洛铁、钒储量丰富，柞水县大西沟铁矿探明储量3亿吨。

2）锰矿

我国现已探明的213个锰矿区的保有储量达5.60亿吨，居世界第2位，其中以广西和湖南最为重要，保有储量分别为2.15亿吨和1.03亿吨，占全国总保有储量的38%和18%。贵州（0.74亿吨）、云南（0.48亿吨）、辽宁（0.39亿吨）、四川（0.27亿吨）、湖北（0.14亿吨）和陕西（0.13亿吨）次之，这6个省（区）储量合计2.15亿吨，占全国总保有储量的38%。

我国的锰矿主要分布在湘南、桃江—宁乡地区、桂西南、广东罗定盆地、闽西南—粤东北地区、贵州铜仁—松桃地区、云南澜沧江中下游地区、陕西镇巴—重庆城口、四川盆地西缘、新疆西天山昭苏—和静地区、新疆阿尔金山北麓等地。

秦巴山脉区域内陕西的汉中、西乡、紫阳、宁强、镇巴和四川的城口等县（市），有中型、小型锰矿区7处，保有锰矿储量2 402万吨。主要锰矿有：城口高燕锰矿，储量1 085万吨；汉中天台山锰矿，储量813万吨；宁强黎家营锰矿，储量220万吨。

重庆是目前世界最大的锰矿石和电解锰生产基地。重庆市城口县是亚洲最大钡矿区，是全国第五大锰矿区，被誉为"中国西部矿都"。锰矿保有储量5 000万吨以上，预测远景资源总量达20 177.35万吨，占全国总储量的1/4。碳酸钡矿保有储量6 400万吨以上[2]。

3）铬矿

我国的铬矿资源比较贫乏，按可满足需求的程度看，属短缺资源。我国铬矿总保有储量矿石1 078万吨，其中富矿占53.6%。铬矿产地有56处，分布于西藏、新疆、内蒙古、甘肃等13个省（区），以西藏为主，其保有储量约占全国的一半。

4）钒矿

我国的钒资源非常丰富，是全球钒资源大国。我国钒储量为2 055万吨（以

---

[1] 据行业频道网2015年有关数据。

[2] 张鹏，蒋维胜. 用技术创新支撑绿色开发——重庆城口县打造中国西部重要的锰钡新材料基地. 中国质量报，2015-07-21，第二版.

V_2O_5计），主要赋存钒钛磁铁矿中，主要分布在四川、湖南、广西、甘肃、湖北、河北等省（区），集中分布在四川的攀枝花市、河北的承德市。攀枝花的钒储量为1 295万吨，占全国钒储量的63%。

我国的钒矿资源主要有两种形式，即钒钛磁铁矿和含钒石煤。

钒钛磁铁矿主要分布在四川攀枝花西昌地区和河北承德地区。攀枝花地区的钒资源相当丰富，已探明的钒钛磁铁矿储量近100亿吨，V_2O_5储量为1 578万吨，约占全国钒钛磁铁矿储量的55%，占世界储量的11%；河北承德地区的高铁品位钒钛磁铁矿（铁含量大于30%，V_2O_5含量大于0.7%）已探明储量2.6亿吨，其中保有储量2.2亿吨；低铁品位钒钛磁铁矿（铁含量大于10%，V_2O_5含量大于0.13%）已详细勘查确定的储量为29.6亿吨，总共约占全国钒钛磁铁矿储量的40%。

含钒石煤主要分布在我国湖南、广西、湖北等省（区）。陕西山阳中村钒矿矿石量达亿吨以上。

3. 能源矿产资源分布情况

1）煤炭

我国的煤矿主要分布在山西、内蒙古、陕西、新疆等省（区），贵州、宁夏、安徽、云南、河南、山东、黑龙江等省（区）次之。重点煤矿分布于：山西省的大同、王坪、小峪、平朔、轩岗、西山、太原、寨沟、东山、阳泉、荫营、汾西、霍州、潞安、韩城、晋城等；内蒙古自治区的扎赉诺尔、伊敏、大雁、霍林河、平庄、乌达、海勃湾等；陕西省的铜川、浦白、澄合等；新疆维吾尔自治区的乌鲁木齐、哈密等；贵州省的水城、六枝、林东、盘江等；宁夏回族自治区的石嘴山、石炭井、灵武等；安徽省的淮北、淮南等；河南省的鹤壁、义马、焦作、郑州、平顶山等；山东省的龙口、淄博、新汶、肥城、兖州、枣庄等；黑龙江省的鹤岗、双鸭山、七台河、鸡西等。此外，还有河北省的开滦、邢台、邯郸、峰峰、井陉等；江苏省的徐州；辽宁省的北票、阜新、铁法、南票、沈阳、抚顺等；江西省的萍乡、丰城、乐平等；四川省的攀枝花、广旺、达竹、华蓥山等。

秦巴山脉区域内煤矿主要分布在河南平顶山，区域内煤储量约占全国的0.014%。

2）石油

我国的石油资源集中分布在渤海湾、松辽、塔里木、鄂尔多斯、准噶尔、珠江口、柴达木和东海陆架8大盆地，其可采资源量172亿吨，占全国的81.13%。

我国主要的陆上石油产地为：大庆油田、胜利油田、辽河油田、克拉玛依油田、四川油田、华北油田、大港油田、中原油田、吉林油田、河南油田等。海洋油气资源自北向南为渤海盆地、北黄海盆地、南黄海盆地、东海盆地、冲绳海槽盆地、台西盆地、台西南盆地、台东盆地、珠江口盆地、北部湾盆地、莺歌海—琼东南盆地、南海南部诸盆地等。我国海上油气勘探主要集中于渤海、黄海、东海及南海北部大陆架。

秦巴山脉区域内的河南油田地处豫西南的南阳盆地，矿区横跨南阳、驻马店、平顶山，分布在新野、唐河等8县境内，已累计找到14个油田，探明石油地质储量1.7亿吨，含油面积117.9平方千米。

3）天然气

我国的天然气资源集中分布在塔里木、四川、鄂尔多斯、东海陆架、柴达木、松辽、莺歌海、琼东南和渤海湾9大盆地，其可采资源量18.4万亿立方米，占全国的83.64%。

秦巴山脉区域内达州天然气远景储量达3.8万亿立方米，已探明天然气储量7 000亿立方米，是全国继新疆塔里木盆地、内蒙古鄂尔多斯气田之后最具开发潜力的大气田。

4）页岩气

截至2015年12月底，我国页岩气资源勘探和开采量不断增加，在江西、四川、重庆、河南等地的产量都有所突破，此外，贵州、湖南、甘肃、湖北、安徽、山西均有所发现及勘探页岩气资源。

2015年10月，中石化涪陵页岩气田焦石坝区块新增探明储量2 739亿立方米，为2017年底建成100亿立方米产能奠定了坚实的基础，同时也成为除北美之外的全球第二大页岩气田。

涪陵页岩气田焦石坝区位于秦巴山脉区域内，是中石化首个国家级页岩气示范区。

4.非金属矿产资源分布情况

1）石墨

我国的石墨矿资源相当丰富，全国20个省（区）有石墨矿产出，探明储量的矿区有91处，总保有储量矿物1.73亿吨，居世界第1位。从地区分布看，黑龙江省储量最多，四川和山东也较丰富。

秦巴山脉区域内南江县尖山石墨矿，累计探明石墨矿资源储量5 035万吨，平均品位7.89%，远景储量在1亿吨以上，是超大型晶质石墨矿床，也是目前全国最大的石墨单体矿。秦巴山脉区域内的石墨矿资源储量约占全国的49%。

2）磷矿

我国的磷矿资源储量丰富，但高品位磷矿储量低。我国的磷矿储量居世界第2位，仅次于摩洛哥和西撒哈拉。我国磷矿已探明资源储量矿石量176亿吨，折算成标矿为105亿吨；P_2O_5含量大于等于30%的富磷矿资源储量矿石量16.6亿吨（标矿17.6亿吨）。云南、贵州、四川、湖北是我国磷矿最为丰富的4个省。其中，湖北省磷矿年产量突破2 000万吨，是磷矿产量最大的省。但湖北省单厂磷矿产量只有21.4万吨，不仅低于云南和贵州的63.67万吨和54.43万吨的单厂水平，也明显低于全国31.86万吨的平均水平。未来湖北省与全国的磷矿资源进行整合将是必然趋势。

秦巴山脉区域内湖北荆襄磷矿储量4.2亿吨，可采储量居全国首位。秦巴山脉区域内的磷矿资源约占全国的34.9%。

3）重晶石

我国是世界上最大的重晶石生产国，年产量达300余万吨，约占世界总产量的45%。我国的重晶石资源分布于26个省（区），探明储量的矿区有200余处，总保有储量6亿吨。就省（区）而论，贵州省重晶石矿最多，保有储量占全国的60%，湖南、广西、湖北、陕西、福建等省（区）次之。以上6省储量占全国的80%。

秦巴山脉区域内安康市重晶石矿探明储量居西北地区第1位、全国第2位。秦巴山脉区域内重晶石矿储量约占全国的16%。

4）饰面大理岩

大理岩的产地遍布我国，其中以云南省大理县点苍山最为著名，点苍山大理岩具有各种颜色的山水画花纹，是名贵的雕刻和装饰材料。北京房山大理岩有白色和浅灰色两种。白色大理岩为细粒结构，质地均匀致密，被称为汉白玉；浅灰色大理岩为中细粒结构，并具有各种浅灰色的细条纹状花纹，被称为艾叶青。这两种大理石均是优美的雕刻和建筑材料。广东云浮、福建屏南、江苏镇江、湖北大冶、四川南江、河南镇平、河北涿鹿、山东莱阳、辽宁连山关等地都产有各种大理岩。

秦巴山脉区域内的饰面大理岩储量约占全国的10%。

5）水泥用灰岩

我国已发现水泥用灰岩矿点7 000~8 000处，其中已探明储量的矿产地2 257（含水泥用大理岩、泥灰岩）处。累计探明水泥石灰岩矿石基础储量411.39亿吨。探明的资源储量977.97亿吨，广泛分布于除上海市外的29个省（区、市）。其中，安徽省探明资源储量98.63亿吨，为全国之冠；其余依次为河南、陕西、山东、广东、内蒙古、河北6省，资源储量50.30亿~73.46亿吨；湖南、广西、四川超过40亿吨。

6）萤石

我国是世界上萤石矿最丰富的国家之一，萤石总保有储量为1.08亿吨，居南非、墨西哥之后，处世界第3位。已探明储量的矿区有230处，分布于我国25个省（区）。湖南萤石最多，占全国总储量的38.9%；内蒙古、浙江次之，分别占16.7%和16.6%。我国主要萤石矿区有浙江武义、湖南柿竹园、河北江安、江西德安、内蒙古苏莫查干敖包、贵州大厂等。

7）天然碱、红柱石、蓝晶石

河南南阳的天然碱、红柱石储量位居亚洲第一，蓝晶石位居全国第一。

8）金红石

湖北襄阳的金红石储量位居亚洲第一。

9）霞石

霞石储量居全国前五名。

秦巴山脉区域各类矿产资源储量在全国的所占比例情况见表3-1-4。

表3-1-4　截至2014年我国矿产资源储量及秦巴山脉区域资源储量表

矿产名称	单位	探明资源储量	秦巴山脉区域资源储量	所占比例
煤炭	亿吨	15 317.0	21.88	0.14%
石油	亿吨	34.3		
天然气	亿立方米	49 451.8	2 243.79	4.54%
页岩气	亿立方米	254.6		
铁矿（矿石）	亿吨	843.4	9.28	1.10%
锰矿（矿石）	亿吨	12.2	0.25	2.05%
铬铁矿（矿石）	万吨	1 162.0		
钒矿（V_2O_5）	万吨	6 074.5	303.00	4.99%
钛矿TiO_2	亿吨	7.62	0.38	4.99%
铜矿（金属）	万吨	9 689.6	961.21	9.92%
铅矿（金属）	万吨	7 384.9	2 671.76	12.22%
锌矿（金属）	万吨	14 486.1		
铝土矿（矿石）	亿吨	41.5	7.65	18.43%
镍矿（金属）	万吨	1 016.9	27.29	2.68%
钴矿（金属）	万吨	67.0	42.00	62.69%
钨矿（WO_3）	万吨	720.5	18.00	2.50%
锡矿（金属）	万吨	418.9		
钼矿（金属）	万吨	2 826.0	610.12	21.59%
锑矿（金属）	万吨	284.0	25.27	8.90%
金矿（金属）	吨	9 816.0	2 484.65	25.31%
银矿（金属）	万吨	23.7	0.45	1.90%
铂族金属（金属）	吨	372.3		
锶矿（大青石）	万吨	4 566.5	731.27	16.01%
菱镁矿（矿石）	亿吨	29.1		
萤石（矿石）	亿吨	2.2	0.03	1.36%
耐火岩土（矿石）	亿吨	25.2		
硫铁矿（矿石）	亿吨	58.3		
磷矿（矿石）	亿吨	214.5	74.86	34.90%
钾盐（KCl）	亿吨	11.2		
硼矿（B_2O_3）	万吨	7 622.5		
芒硝（Na_2SO_4）	亿吨	1 170.9		
重晶石（矿石）	亿吨	3.05	0.51	16.72%
水泥用灰岩（矿石）	亿吨	1 235.1	6.67	0.54%
玻璃硅质原料（矿石）	亿吨	75.8		
石膏（矿石）	亿吨	1 007.2	0.61	0.06%

续表

矿产名称	单位	探明资源储量	秦巴山脉区域资源储量	所占比例
高岭土（矿石）	亿吨	26.7	0.03	0.11%
膨润土（矿石）	亿吨	28.7		
硅藻土（矿石）	亿吨	4.5		
饰面花岗岩	亿立方米	26.7		
饰面大理岩	亿立方米	15.6	1.56	10.00%
金刚石（矿物）	千克	3 396.5		
晶质石墨（矿物）	亿吨	2.2	1.09	49.55%
石棉（矿物）	万吨	9 164.6	2.33	0.03%
滑石（矿石）	亿吨	2.8	0.01	0.36%
硅灰石（矿石）	亿吨	1.6		

资料来源：《中国矿产资源年报（2015）》，石油、天然气、页岩气为剩余技术可采储量[17]

第2章 秦巴山脉区域矿产资源开发利用现状

2.1 秦巴山脉区域矿山企业概况

2.1.1 矿山企业数量、分类及分布

据相关资料统计结果，秦巴山脉区域各类矿山企业共计2 516家（截至2015年），主要企业包括能源矿产、有色金属矿产、黑色矿产、稀贵金属、化工资源、非金属矿产企业及建材矿产企业[18]。能源矿产企业主要包括煤、油页岩、铀、天然沥青、石油、天然气、煤层气、页岩气、地热等企业，分布于河南南阳、湖北十堰、重庆及四川北部地区。有色金属矿产企业主要包括铜、铅锌、钼、镍、铝土矿、钨等企业，分布于河南洛阳、南阳，陕西和甘肃境内秦岭山脉区域，如豫—陕钼生产基地、陕西安康汞锑矿生产基地、西成铅锌基地等。黑色矿产企业主要包括铁矿、锰矿、钒等企业，主要分布在重庆，以及陕西柞水、安康、汉中等地，商洛钒矿储量位居全国之首，重庆有中国第五大锰矿区。稀贵金属企业主要包括金银矿山企业，分布于豫—陕邻区，其中小秦岭三门峡—潼关地区是国内第二大黄金基地，陕西境内商洛、安康、汉中区域有少量分布，陕西—甘肃西秦岭地区有较多分布。化工资源企业主要包括磷矿、硫铁矿、自然硫、化工灰岩矿等企业，分布于河南南阳，陕西安康、汉中，以及重庆、四川等地，湖北磷矿储量及开发产量居全国之首。非金属矿产企业主要包括石墨、石膏等企业，总体分布广泛，河南南阳的天然碱、红柱石储量为亚洲之冠，蓝晶石、金红石储量位居全国第一，还有陕西、重庆、四川等，重庆城口县重晶石规模属亚洲最大。建材矿产企业包括水泥、砂石、板岩、水泥用灰岩、建筑用灰岩、砖瓦用页岩、岩盐、熔剂用灰岩、玻璃陶瓷用砂岩等企业，分布于秦岭山脉区

域、大巴山地区，分布很广泛，其中陕西南部、重庆、四川等地的石材和水泥企业在国内均有较大规模及产量。

　　总体来说，秦岭山脉陕西片区以建材、有色、黑色、非金属等各类矿山企业为主；小秦岭及河南片区的部分地区，主要以钼矿、黄金、煤炭、石油、天然气、建材、萤石矿等企业为主；秦巴山脉湖北、重庆、四川片区及陕西片区南部，主要以非金属矿、化工矿产、建材、能源矿山企业为主，另有少数黑色金属企业。截至2013年，各省（区、市）矿山矿种类型及矿山企业分布见图3-2-1和图3-2-2，秦巴山脉区域矿山企业概况统计见表3-2-1，各省（区、市）从事矿业人员比例见图3-2-3。

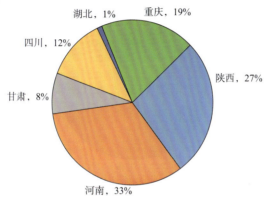

图3-2-1　矿山矿种类型

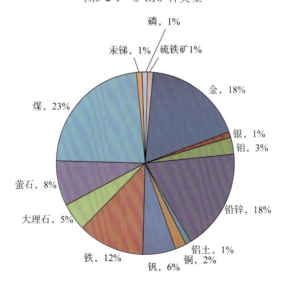

图3-2-2　各省（区、市）矿山企业分布

表3-2-1   截至2015年秦巴山脉区域矿山企业概况统计

秦巴山脉区域	矿山企业个数/个	从业人数/万人
河南	867	23.0
陕西	522	17.0
甘肃	185	6.0
湖北	23	1.0
重庆	440	1.5
四川	479	5.5
合计	2 516	54.0

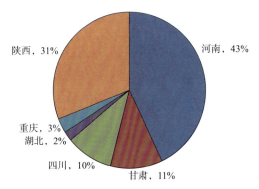

图3-2-3   各省（区、市）从事矿业人员比例

2.1.2   企业所有制形式

企业所有制形式主要有国有企业、集体企业、民营企业三种形式，企业分类形式有中央企业、地方国有企业、集体企业、民营企业。国有企业及集体企业在经济总量上占一半以上比重，民营企业及其他所占比例较低。但是在数量上，民营企业数量大于国有企业和集体企业。重点矿山及国家战略资源领域主要为国有企业，如金堆城钼业、河南栾川钼业、凤太—西成铅锌金矿等。对于重点开采区域及储量较大的矿山，基本为国有企业。

例如，截至2013年，汉中市矿山从业人员2.87万人，年产矿石量1 012.82万吨，实现矿业总产值5.14亿元。其中，大中型矿山企业14个，年产矿石量349.25万吨，实现矿业产值2.82亿元。又如，宝鸡市国有黄金矿山企业完成年产值3.86亿元，有色金属矿山中国有及其他骨干矿山企业完成年产值5.87亿元，煤炭企业完成年产值2.12亿元，冀东海德堡（扶风）水泥有限公司草山灰岩矿完成年产值3.76亿元。上述这些骨干企业完成年产值累计为15.61亿元，占宝鸡市矿业产值的88.47%[18]。据此可以认定，国有及其他经济类型的主要骨干矿山企业在促进矿业经济发展方面起到了决定性作用。

2.1.3 企业规模

秦巴山脉区域内大中型企业数量少，占矿山企业总数比例很小，而小型企业数量众多，开发规模大小差别很大。

2.1.4 产业经营情况

秦巴山脉区域矿业产业生产方式传统，基本为传统工艺生产，设备及工艺技术水平较为滞后，整体生产规模产业单一、规模简单、深加工能力有限、回收利用效率低。企业之间相互关系不紧密，资源竞争程度加剧，资源利用率不高。由于矿山储量规模大小不一，开采企业规模也表现出差距较大的现象，在开发利用中，企业联合较少，开发效率较低。

例如，安康市现有企业的重点产品是黄金、汞金属、汞精矿、锑精矿、铅锌矿、铅锌精粉、锌焙砂、超细活性氧化锌、重晶石、毒重石原矿、矿粉、氯化钡、氢氧化钡、饰面瓦板石、水泥及其制品、电解锰、硅锰铁等，其他还有砂石、石煤、砖瓦等产品。在该市矿产企业中，除开采加工贵金属、有色金属、瓦板石、水泥等企业经济效益较好外，绝大多数企业因规模小，技术落后，管理水平不高，矿区地质工作程度低，只能维持简单再生产，效益较低[19]。

建立产业集中生产片区，实现产业规模化发展，产品由传统的初级加工到深加工，并进行产业升级，建立新材料产业园区，实现初级加工和深加工一条龙运作，增大产业附加值是秦巴山脉区域矿业发展的最佳途径。

2.2 秦巴山脉区域矿业经济及贡献

2.2.1 矿山企业经济情况

秦巴山脉区域矿业开发工业规模年生产总值估计约2 000亿元，后续产业附加值超过万亿元，其经济总量占所在地经济比重超过10%，部分地方矿业经济所占比例高达一半以上，是当地经济发展的基本组成部分，也是当地税收的重要来源。在矿业集聚区，矿业经济比重更高，如河南洛阳，陕西凤县、略阳、洛南，甘肃西和、成县、文县，重庆城口、开州区等。

例如，截至2013年，南阳市从事矿业生产的人数为30 309人，矿业产值年平均增长率为12%，增长速度高于河南省地区生产总值的增长速度。栾川矿业经济比重占县域经济的80%。

又如，陕西凤县已形成以矿业、建材为当地经济产业集群之一的工业体系。截至2013年，凤县的黄金年产量在1.5吨以上，是陕西省产金县前三名；铅锌储量和产量较高，是我国四大铅锌基地之一；黄金和铅锌采、选、冶的比重占凤县工业的94.5%以上。凤县完成工业增加值近100亿元，工业经济占凤县经济的66%以上，从业人数占67.9%。主要产品有铅锌原矿、铅锌精粉、锌锭、电解铅、氧化锌、氧化铅、三盐酸铅、硫酸、水泥、黄金、大理石板材等。非公有制企业完成营业收入23.42亿元，完成总产值23.22亿元，增加值7.41亿元，占凤县地区生产总值的48.7%[20]。

再如，截至2013年，达州市矿业经济快速发展，工业产值年均增长超过15%，矿山企业工业总产值28.75亿元，占达州市地区生产总值的8.3%，煤矿采矿业总产值10.64亿元，天然气总产值14.6亿元，其他总产值约3.51亿元[21]。

截至2015年末，南充市分别实现工业总产值95亿元、工业增加值20亿元。采矿权数由2010年的493个减至473个，减少20个。其中，砖瓦页岩430个、建筑石料40个、岩盐2个、膨润土1个。大中型矿山比例由2010年的0.42%升至0.88%。

2.2.2　就业与经济发展

从表3-2-1中可见，秦巴山脉区域矿业从业人员共计54万人，陕西约占31%，河南约占43%，河南从业人数最多。矿业从业人数占各省（区、市）人口比例为：陕西1.5%，河南1.72%，甘肃1.3%，四川0.41%，湖北0.19%；占秦巴山脉区域的0.99%（总人口5 477.44万人）；占全国的0.47%。

矿业吸纳了当地大量的富余人员，创造了新的就业岗位和经济效益，促进了第三产业的蓬勃发展，增加了当地居民经济收入，带动了经济社会的发展，对当地居民生活和发展有着重要的促进作用。

例如，截至2013年，洛阳市的钼（钨）矿、煤炭、金矿、铅矿、锌矿、铝土矿、普通萤石、建筑石料用灰岩等矿产是主要开发利用矿种，其中矿业从业人员所属不同矿种的分布情况如下[22]。

钼矿：从业人数7 498人，工业总产值859 104万元；煤炭：从业人数21 793人，工业总产值140 279万元；金矿：从业人数7 833人，工业总产值100 521万元；铅锌矿：从业人数2 733人，工业总产值94 498万元；铝土矿：从业人数1 626人，工业总产值45 985万元；普通萤石：普通萤石企业64家，占洛阳市矿山企业总数的11.4%，工业总产值128 037万元；建筑石料用灰岩：从业人数2 813人，工业总产值119 256万元；玻璃用石英岩、饰面用大理岩、玻璃用脉石英、冶金用脉石英、耐火黏土、水泥用灰岩、长石、建筑用白云岩、水泥用凝灰岩、冶金用石英岩、硫铁矿、冶金用白云岩、重晶石、饰面用辉绿岩、制灰用石灰岩、建筑用花岗岩等25种非金属矿产企业合计104家，工业总产值48 242万元。

可见，矿业及矿产品加工业在洛阳市国民经济中具有举足轻重的地位。洛阳市规模以上矿产采选和矿产加工制品企业612个，完成工业总产值1 589亿元，占洛阳市工业总产值的53.6%；完成工业增加值466亿元，占洛阳市规模以上工业增加值的75%。洛阳市矿产采选业已基本走上规模化道路，规模以上矿产采选和矿产加工制品业是洛阳市工业经济的主导力量。

秦巴山脉区域内从事矿业的人口比例较高，比全国平均高2~3个百分点。各地矿业经济比重差异较大，一般占县域经济的10%~17%，部分区县占到60%~80%。河南洛阳，陕西凤县、洛南、略阳，甘肃西和、成县、文县，以及重庆城口、开州区等的矿业经济比重占县域经济的比重较高。

2.3　秦巴山脉区域各地矿产资源产能、保有储量及资源利用程度

2.3.1　资源保有储量及可服务年限

秦巴山脉区域已发现矿种100余种，探明储量并可供开发的矿种达70多种，以金属、非金属固体矿产为主。区域内探明储量金属矿点共2 273处，潜在经济价值达150万亿元以上，占全国矿产资源潜在总值的1/3以上。部分矿种储量（钡、铌等非金属）排世界第一位，钼、锑、钡、磷、天然碱等储量在全国排名第一位。黄金、钼、钒、铼、钾等稀有贵重价值矿产资源突出。其中，陕西华州区、河南栾川是我国最大的钼矿产地；陕西安康的汞锑矿是亚洲最大的汞矿生产基地；重庆城口是亚洲最大的钡矿区，我国第五大锰矿区；河南小秦岭地区是我国第二大黄金生产基地；河南南阳的蓝晶石、红柱石储量位居全国第一；湖北襄阳的金红石储量位居亚洲第一；湖北荆襄磷矿储量4.2亿吨，可采储量位居全国首位[15]。其中已探明的矿产储量如下。

1）黑色金属矿产

铁矿的资源量约为9.3亿吨，锰矿的资源量约为2 523.8万吨，钛矿（钛铁矿和金红石）的资源量约为46 595.7万吨，钒矿的资源量约为303.0万吨。

2）有色金属矿产

铅锌资源量约为2 671.76万吨，钼矿的资源量约为610.12万吨，铜矿的资源量约为961.21万吨，镍矿的资源量约为27.29万吨，汞矿的资源量约为513.18万吨，铝土矿（矿石量）的资源量约为76 562.80万吨。

3）贵金属矿产

金矿的资源量约为2 484.65吨，主要分布在甘肃礼县、文县和小秦岭地区。

银矿的资源量约为4 493.29吨。

4）能源矿产

天然气的资源量约为2 243.97亿立方米，煤的资源量约为218 888.32万吨。

5）非金属矿产

石墨矿的资源量约为10 946万吨，石膏的资源量约为6 126万吨，石煤的资源量约为95 181万吨，水泥用灰岩的资源量约为93 780万吨，磷矿的资源量约为74 856万吨。

例如，陇南地区铅、锌、金、锑、铜、锰、汞等为优势矿种，主要矿产有：铅锌矿45处，探明金属储量1 200.0万吨；金矿42处，探明金属储量约200.0吨；铜矿5处，探明金属储量16.5万吨；锑矿12处，探明金属储量17.9万吨；锰矿11处，探明矿石储量208.5万吨；汞矿1处，探明金属储量513.0吨。主要矿产价值约千亿元。

秦巴山脉四川片区"十二五"期间已探明储量的矿种有46种，探明储量的矿区243处，包括能源矿产、黑色金属、有色金属、贵金属矿产、非金属矿产等。成矿带内不同级别的矿产资源储量大致为：煤矿保有资源63 402.04万吨；达州市保有天然气储量2 243.79亿立方米；广元市沙金金属保有资源量33 756.89千克；灰岩保有资源量257 057.18万吨。

秦巴山脉重庆片区探明矿产资源储量32种，已发现各类矿产地195余处，其中，岩盐资源分布范围广、资源丰富，资源储量67 493.00万吨；重毒石为特色优势，矿产储量居亚洲之首，保有资源储量1 834.89万吨；锰矿保有资源储量居全国第5位，保有资源储量1 927.61万吨。

2.3.2　矿种类型

在秦巴山脉区域内探明有一定储量并可供开发的矿产中，主要包括能源矿产、有色金属矿产、黑色矿产、稀贵金属矿产、化工资源矿产、非金属矿产、建材矿产等，以金属、非金属固体矿产为主。其中，能源矿产主要包括煤、油页岩、铀、沥青、石油、天然气、煤层气等；有色金属矿产主要有铜、铅锌、钼、铝土矿、钨等；黑色矿产主要有铁、锰；稀贵金属矿产有金、银；化工资源矿产主要有磷、自然硫、化工灰岩等；非金属矿产主要有石墨、石膏等；建材矿产主要包括水泥、砂石、板岩、水泥用灰岩、建筑用灰岩、砖瓦用页岩等。

2.3.3　矿产资源利用程度

秦巴山脉区域内矿产资源开发类型比较多样，但差异明显，主要以有色金属和贵金属为主，部分战略性非金属资源占有相当重要的位置。秦巴山脉区域内以中小型矿山企业为主，矿产资源利用水平参差不齐，地区差异明显。开发利用程度整体中等偏低，后期仍有巨大的资源开发利用潜力。

其中，秦巴山脉陕西片区矿产资源开发程度相对较高，矿产资源是陕西自然资源的主要组成部分，对陕西经济发展起着重要作用。该区域内黑色金属有铁、锰、钛、钒；有色金属主要有铅锌、钼、铜、镍、汞锑、钨、铝土矿；钼和汞探明储量在全国占有资源优势。钴、镉、锗、铼等稀散元素主要为共（伴）生矿产，资源储量不大，但有较高的经济价值；贵金属主要有金、银。金以岩金和沙金为主，银除柞水银洞子和白河大兴银矿外，基本为伴生矿产。非金属矿产主要为萤石、重晶石、磷、石英岩、石膏、建筑用砂及砖瓦黏土等。该区域内以铁、锰、钒、铅、锌、钼、汞、锑、金、银、萤石、重晶石、磷、石英岩、石膏、建筑用砂及砖瓦黏土等为主要开发利用矿产。其中矿业年总产值超亿元的矿种依次为：石油、煤、钼矿、天然气、水泥用灰岩、金矿、砖瓦用黏土、锌矿、铁矿、钒矿、银矿、建筑石料用灰岩。

秦巴山脉河南片区矿产资源丰富。黑色矿产有铁、锰；有色金属矿产有钼、铝土、铅锌、铜、钨、锑等；稀贵金属矿产以金为主，伴生银；能源矿产主要是煤；非金属矿产资源十分丰富，遍布秦巴山脉区域，主要有蓝晶石、红柱石、伊利石黏土、石墨、大理石、萤石、白垩土、麦饭石、蛭石、金红石、重晶石、石灰岩、白云岩、花岗岩、岩盐、硫铁矿、镁橄榄石和陶瓷黏土等。该区域内以钼、铅锌、蓝晶石、天然碱、红柱石、铝土、金、煤为优势矿产。受开发利用规模的影响，总体勘查程度较低，但小秦岭地区是全国第二大黄金生产基地，依托黄金资源优势，培育形成了黄金、铅、铜、钼等特色冶炼与加工体系。

秦巴山脉甘肃片区黑色金属有铁、锰两种矿产；有色金属有铅锌、铜、汞、锑等矿产；贵金属主要以金为主，文县阳山金矿为亚洲最大的类卡林型金矿，对地方经济有巨大贡献；能源主要为煤；非金属矿产资源十分丰富，主要有萤石、石英、硅矿、重晶石。该区域内以金、铅锌、重晶石为优势矿种。文县境内的重晶石矿床规模大、易开采。矿产资源开发程度较低，资源优势没有得到很好发挥，后期开发利用潜力巨大。

秦巴山脉湖北片区黑色金属主要有铁、锰、钒、钛等。黑色金属矿山企业主要以小型企业为主，随着国家保护政策的推出，大部分矿山逐渐转型退出。有色金属主要有铅锌、钼、铜、镁等，主要分布于神农架地区；贵金属主要有金、银等；能源主要为煤；非金属主要为磷、滑石、重晶石、水泥用灰岩、建筑石料用灰岩、砖瓦用黏土等。该区域内以磷、钛、铁、石膏、水泥用灰岩、石油、煤、铜、金、盐、建筑石料用灰岩、砖瓦用黏土等12种矿产为主要开发利用矿种，其开发产值年均在1亿元以上，合计占湖北省矿业总产值的91.2%，矿产资源开发利用程度较高。

秦巴山脉四川片区矿产资源种类丰富，主要矿种达46种，能源、黑色、有色、稀有、贵金属、化工和建材等矿产均有分布，能源矿产、非金属矿产多，金属矿产少。其中，锰、金、铅锌、钼、铀、铜和磷等矿产储量在全国具有举足轻重的地位，达州天然气规模为大中型。该区域内矿产勘查程度总体偏低。开发方面，部分矿产已成为该区域经济发展的支柱产业，逐步形成了具有一定规模的矿产资源特色产业集群或产业链；已开发利用的矿种41种，建成各类矿山457个（不含天然气矿山），其中大型矿山16个，中型矿山63个，小型及以下矿山378个。2014年，采矿业矿山生产总值为447.7亿元（不含天然气），约占四川省生产总值（28 536.7亿元）的1.6%。

秦巴山脉重庆片区矿产资源丰富。黑色金属为钛、铁、锰；能源主要为煤；非金属主要为粉石英、岩盐、大理石、毒重石、重晶石；以煤、铁矿、锰矿、毒重石（钡矿）、水泥用灰岩、粉石英、岩盐等为优势矿产，具有找矿潜力的矿产主要为硫铁矿、炼镁白云岩、铜、铅、锌等。其中，岩盐资源分布广、资源丰富，毒重石为特色优势矿产。该区域内铁、煤勘查程度相对较高，天然气、锰、岩盐、硫铁矿、水泥等有色金属、贵金属及非金属勘查工作程度较低。开发方面，已开发利用矿产29种，建成各类矿山502个（不含天然气矿山）。2014年，该区域生产煤281.1万吨，生产其他固体矿石419.6万吨，矿业产值18亿元（不含天然气）；煤和锰矿业产值突破亿元大关，凹凸棒石黏土、重毒石、建筑石料用灰岩、石膏、水泥用灰岩、砖瓦用页岩矿业产值超千万元，逐步形成了城口锰工业、云阳—开州区硅业等具有一定规模的矿产资源特色产业集群或产业链。

2.4 秦巴山脉区域采选及环境影响分析

2.4.1 采选开发方式、技术装备水平

秦巴山脉资源丰富，区域内成规模的矿产资源主要有钼、钒、金、铁、锰、铅锌、汞、银、石灰石、重晶石、煤、石油、天然气等。从整体上看，大矿少、中小矿多、富矿少、贫矿多；从开采技术上看，劳动密集型的传统开采方式多，智能机械化程度低。经调查，矿产资源开采技术状况如下。

1. 非煤矿露采技术状况

国内矿山穿孔设备是潜孔钻与牙轮钻共存，牙轮钻比例较高（占88%），钻孔直径以250毫米、310毫米为主，中型矿山以潜孔钻为主，钻径直径以200毫米

为主；矿用电铲方面，电动铲仍占绝对优势，斗容以16.8立方米、21立方米、30立方米、38立方米、43立方米为主，国内露天矿主要以电铲为主，斗容最大为16.8立方米。

秦巴山脉区域大型露天矿不多，主要以金堆城钼矿、栾川钼矿、大西沟铁矿为主，其占区域内矿山总数的比例不到1%。大部分露天矿均不成规模，以私人开采为主，装备技术力量较弱。其中，金堆城钼矿采用大型牙轮钻机钻孔，孔径达260毫米，台阶高度12米，多排中深孔微差爆破，6立方米电铲装载，50吨大型汽车运输。矿山采用GPS智能调度系统进行管理，矿山信息化智能水平较高。

2. 非煤矿地采技术状况

非煤矿地采技术主要有空场法、崩落法、充填法，三种采矿方法的产量占地采量总数的99%以上。工艺技术及装备的不同，使各矿山的开采技术水平参差不齐，差异主要体现在采矿设备机械化、自动化、高效化，深井采矿技术的应用，绿色矿山建设，矿山数字化、智能化建设方面。

秦巴山脉区域内典型企业为陕西凤县四方金矿有限责任公司、陕西煎茶岭矿业开发有限责任公司、白银有色金属公司厂坝铅锌矿、陕西汉中钢铁有限公司杨家坝铁矿、略阳钢铁厂黑山沟铁矿、陕西五洲矿业有限公司中村钒矿、陕西有色西北地矿集团千家坪钒矿等，其开采技术可代表秦巴山脉区域较高水平。陕西凤县四方金矿有限责任公司年产矿石100万吨，采用平硐+盲竖井开拓，无底柱分段崩落法采矿，中段高度50米，分段高16米，进路间距12.5米，崩矿步距3.5米；采用中深孔爆破，YGZ90①中深孔钻机凿岩，微差爆破；采用2立方米内燃铲运机出矿，电机车运输。该矿山建立了井下人员定位、通信系统、监测和监控系统及风机远程控制系统及机械化、信息化水平较高，能够代表秦巴山脉区域金矿开采的最高技术水平。

3. 煤矿露采技术状况

我国煤矿露采技术可以分为间断型、连续型和半连续型三种。秦巴山脉区域内没有大型露天煤矿，主要以中小型煤矿为主，分布在河南宜阳与陕西旬阳等地，主要以人工或小型机械进行采掘，开采方式较为简单，生产效率较低。

4. 煤矿地采技术状况

煤炭资源地采采矿方法主要有臂式体系采煤法、分层开采及斜切分层采煤法、放顶采煤法、掩护支架采煤法、伪倾斜柔性掩护支架采煤法、倒台阶采煤

---

① 凿岩机型号。

法、房柱式采煤法。

秦巴山脉区域内煤矿资源分布较散，主要分布在河南洛阳境内，大型煤矿较少，小型私人煤矿较多，煤矿的开采方法相当单一，急倾斜煤层主要使用单一长臂采煤、伪倾斜柔性掩护支架采煤法等，小煤矿开采工艺落后，安全条件差，资源回收率低。

5. 天然气开采技术状况

我国现代天然气开采业起步较晚，天然气储层地质状况复杂，在天然气的开采过程中，自喷持续时间短，往往需要应用排水采气技术、压裂酸化等增产措施助采，这些技术的应用虽然在一定程度上维持了气井生产，提高了产量和回收率，但在实施过程中需要投入大量的人力、物力和财力，具有较大的投资风险。气藏开发技术不断发展，已初步形成的主体开发技术包括碳酸盐岩气藏开发技术、低渗透气藏开发技术、中低含硫气藏开发技术、异常高压气藏开发技术及凝析气藏循环注气开发技术等。

秦巴山脉的天然气储量比较大，主要集中在四川盆地附近，如在元坝发现须家河组-侏罗系多个气藏。以中石油西南油气田为代表的四川天然气田勘查表明，四川盆地页岩气区块已经成为目前国内最具商业开发价值的区块，长宁、威远两个区块范围内优质页岩厚度大于30米、埋深小于4 000米，建产区面积约2 200平方千米，总资源量上千亿立方米。

经过十几年的选矿攻关，秦巴山脉区域在选矿工艺流程、选矿设备水平上都有大幅提高，选矿节能降耗也取得显著成绩，选矿技术经济指标和选矿技术与国内外先进水平的差距逐步缩小。

秦巴山脉区域内典型矿山陕西大西沟铁矿，是迄今为止我国已探明的储量最大的菱铁矿矿床。2004年，长沙矿冶研究院等科研单位进行的回转窑焙烧磁选取得重大进展；2006年，陕西大西沟矿业有限公司采用回转窑焙烧-磁选-反浮选工艺，建成了两条菱铁矿焙烧生产线，其主要设备规格为φ4米×50米回转窑，燃料为煤，菱铁矿入炉粒度小于20毫米。

宁强锰矿选矿采用单一强磁选，破碎至-12毫米以下含锰20.8%的原矿经CS-2型感应辊强磁磁选机一次粗选，即可获得锰品味28.45%、回收率为83.42%的精矿。

金堆城钼业公司百花岭选矿厂是我国乃至亚洲规模最大的选钼厂，日处理矿石2万~2.5万吨。原矿含钼0.1%左右，高压辊磨粉矿经一段闭路磨矿后，分级溢流-200目占50%~58%，调浆搅拌后，经一粗一精两扫得到含钼8%~14%的粗精矿。粗精矿经分级再磨，再磨细度为-325目占70%左右，再磨粗精矿经8次精选、2次精扫选作业，得到含钼53%左右的最终钼精矿，总回收率在85%~87%。

2.4.2　综合利用水平

尾矿中的非金属矿物不但存量巨大，而且有些已经具备高附加值应用的潜在特性。秦巴山脉区域的尾矿产地、类型复杂。黑色金属尾矿主要产于陕西、湖北、四川等地，有色及贵金属尾矿主要产于河南、陕西、甘肃等地。黑色金属尾矿类型包括铁、铬、锰尾矿。大部分铁、铬、锰尾矿都含有可进一步提取的残余铁、铬、锰，其余组分主要是硅酸盐类矿物（仅有少量制作水泥砖）。部分铁尾矿和锰尾矿还含有可提取的有色、稀有或稀土金属；稀贵金属尾矿主要包括黄金尾矿、银尾矿、钨尾矿等。稀贵金属尾矿除了含有一般可以再提取的有价稀贵金属外，还具有与有色金属尾矿相近范围的矿物，即尾矿的主要成分也是石英、长石、云母等氧化硅或硅酸盐类矿物。部分稀贵金属尾矿中含有较多的方解石、萤石等非硅酸盐类矿物。

目前，秦巴山脉区域除了有个别矿山对尾矿回收伴生元素外，尾矿资源化利用很低，尾矿的非金属和其他应用程度几乎空白，矿山在综合利用方面工作不足，秦巴山脉区域应在尾矿非金属的综合应用方面开展研究。

2012年，国土资源部为贯彻落实节约优先战略，并查清我国重要矿产资源节约与综合利用现状，决定开展22个重要矿产"三率"（开采回采率、选矿回收率、综合利用率）调查与评价工作。从2012年开始，各省（区、市）陆续提出资源赋存状态、矿种的最低"三率"要求。

秦巴山脉区域所属省（区、市）都采取了相应的措施，积极开展调研和整治工作，湖北、四川、重庆、河南、陕西、甘肃等片区都已经完成"三率"调研，提高和整治工作有序推进。

秦巴山脉湖北十堰及襄阳地区调查结果表明，煤炭、铁、锰、铜、钨、钼、金、磷、石墨、萤石、重晶石等矿种开采矿山，开采回采率达到或超过国家或行业规定指标；煤炭、铁、锰、铜、金、磷、石墨、萤石等矿种的选矿回收率达到或超过国家或行业规定指标；石膏的开采回采率和钨、钼等的选矿回收率未达到国家或行业规定指标。十堰地区：2013年矿产资源（开采回收率、选矿回收率、综合利用率）基础值为86%、76%、69%，2015年实际控制指标分别为88%、78%、72%，2017年控制指标分别为90%、80%、77%。

秦巴山脉河南片区：根据国家"三率"要求已经启动了矿产资源"三率"指标评价和制定工作。但是，截至2015年12月底，洛阳市、平顶山市、三门峡市、南阳市尚未有具体的指标数据。灵宝市金矿开采回采率平均为92.17%，选矿回收率平均为91.54%。

秦巴山脉重庆片区：从2012年6月开始至2013年12月，调查评价的矿种共有11个，涉及855个矿山，其中国家规定矿种有9个，分别为煤、铁、锰、铅、锌、铝土矿、硫铁矿、高铝黏土和萤石；参与调查评价的11个矿种中，实际开采回采率高于设计值或行业标准的有6个矿种，分别是煤矿、硫铁矿、锰矿、铝土矿、高铝黏土矿和萤石矿；实际开采回采率低于设计值或行业标准的有5个矿种，分别是铁矿、铅矿、锌矿、锶矿和毒重石矿。原煤入选率平均为27.71%，低于国家指标要求（75.00%）47.29个百分点。共（伴）生矿产综合利用率煤层气为48.55%，其中，重庆市五大国有骨干煤炭企业平均利用率为75.39%，高出全国平均水平35.39个百分点；铅锌矿利用率为42.88%，铝土矿伴生硫利用率为43.99%，萤石共生重晶石利用率为72.65%。

秦巴山脉四川片区：为强化钒钛磁铁矿资源合理开发利用的监督管理，2012年，国土资源部公布了《四川攀西钒钛磁铁矿资源合理开发利用"三率"指标要求（试行）》。该指标要求明确规定，攀西地区钒钛磁铁矿露天开采回采率≥94%、地下开采回采率≥82%；选矿回收率根据矿石全铁入选品位和铁精矿品位的不同，确定为不低于60%、66%和71%的不同档次。矿山企业开发利用钒钛磁铁矿时，要对伴生的钛、钒、铬及硫化物等有用组分进行综合利用，并确定了不同的综合利用指标。2010~2012年，巴中市中央财政累计投入80亿元，带动企业自筹资金超过700亿元，增收约2 000亿元。矿山企业通过技术工艺改造，"三率"水平大幅提升，同时盘活了一批矿产资源。在获得奖励的矿山企业中，石油采收率提高1~11个百分点，盘活储量3亿吨，产值增加2 000亿元以上；煤炭开采回采率提高2~11个百分点，增加储量3.5亿吨，产值增加1 300多亿元；铁矿开采回采率提高3~13个百分点，选矿回收率提高0.4~12个百分点，产值增加约20亿元；铜矿开采回采率提高1~9个百分点，选矿回收率提高2~6个百分点，盘活储量近3 000万吨，产值增加近20亿元。秦巴山脉四川片区的"三率"指标：2010年磁铁矿中共（伴）生钴、铜矿产资源的综合回收率达到81%，共（伴）生矿综合利用率达到40%；至2015年，磁铁矿中共（伴）生钴、铜矿产资源的总回收率达到84%，共（伴）生矿综合利用率达到45%。广元市2015年矿产平均回采率为84%、选矿回收率86%、总回收率72%。绵阳市2010~2015年资源开发利用指标分别为：矿山平均回采率85%、92%；主要矿产平均选矿回收率86%、89%；矿产资源总回收率大于72%、大于76%；共生、伴生矿产综合利用率大于45%、大于50%。

秦巴山脉陕西片区：2013年统计结果显示，金矿方面，67个矿山开采回采率平均为87.45%，较2000年提高约5%；选矿回收率平均为87.09%，较2000年（89.3%）略有下降。铅锌矿方面，20个矿山的铅开采回采率平均为83.77%，锌平均为85.83%；铅选矿回收率平均为89.27%，锌平均为91.55%，总体有所提高。钼矿方面，11个矿山开采回采率为70%~99%；选矿回收率一般为71.4%~87%。其中，金堆城钼矿开采回采率达99.1%，选矿回收率达86.8%。陕西大西沟铁矿对难选菱铁矿石通过提高选矿回收技术，每年可回收磁性铁平均品位约10%的低品位磁铁矿石50万吨左右，采矿回收率提高约6%，可新增铁精矿7.48万吨，菱铁矿平均选矿回收率提高4.53%。陕西煎茶岭镍业有限公司通过使用提高选矿回收率和伴生钴、铁的综合利用技术，镍精矿品位由原来的4.7%提高到5.85%，镍精矿中钴平均品位达0.25%，镍选矿回收率由原来的73.00%提高到81.06%，镍尾矿品位由原来的0.15%降低为0.12%。钒矿方面，12个矿山开采回采率平均为82.08%，选矿回收率平均为67.67%，总体有所提高。"三率"及资源综合利用率指标达到全国平均水平，达到西部地区省（区、市）先进水平。

秦巴山脉甘肃片区陇南区域：2015年矿山企业在2010年基础上平均采选回收率提高3%~5%，矿山企业综合利用比率提高到40%以上，共（伴）生矿种综合利用率提高到40%。

基本认识：秦巴山脉区域总体"三率"指标和国家标准相比相对较低，各地区"三率"指标参差不齐，影响重要矿产资源"三率"指标的主要问题包括五个方面。

（1）小型矿山地质工作程度低，多为普查程度，储量数据可靠性差。

（2）受经济利益驱使，矿山企业采富弃贫、采厚弃薄的现象较为突出。

（3）由于地质构造复杂，矿产资源储量及赋存条件差，推广先进技术受到制约。

（4）小矿多，比较分散，交通不便，矿山企业既无建设选矿厂的动力，也无必须选矿的压力。

（5）监管力度不够，矿山企业不合理的矿产资源储量损失问题还没有成为监管工作的重点。

2.4.3　环境影响方式和程度

秦巴山脉生态建设任务重，开发与保护矛盾突出。秦巴山脉区域承担着南水北调中线工程水源保护、生物多样性保护、水源涵养、水土保持和三峡库区生态建设等重大任务，有85处禁止开发区域，有55个县属于国家限制开发的重点生态功能区。生态建设地域广、要求高、难度大，资源开发与环境保护矛盾突出。

秦岭陕南及河南等区域的矿业开发给环境造成了危害。近几年房地产开发和开山采石等一些过度开发行为，给秦岭的生态环境造成了威胁。被破坏后的生态环境，人为恢复植被代价昂贵，而自然恢复时间较为漫长；河南等产煤地矿业开发同时造成了局部矿区地面塌陷、地裂缝、崩塌、滑坡、含水层被破坏、地形被破坏、地貌景观被破坏等较严重的矿山地质环境问题；露天采矿占用、改变、损毁土地，固体废弃物堆存等使原有的地形地貌景观和生态环境受到破坏，引发水土流失、生态环境恶化。废水、废液的排放造成水土环境污染，矿坑排水使矿区和周围地下水位下降等。

随着"美丽中国"被作为生态文明建设的宏伟目标提出，各地在发展矿业的同时，积极响应国家号召，采取各种措施保障生态环境不受破坏，逐步降低秦巴山脉区域矿业开发对环境的有害影响。

2.5　秦巴山脉区域矿产资源接替保障及后续开发

秦巴山脉区域由于地理条件差，经济基础薄弱，人口基数大，多年来依靠资源发展的现状仍未打破，当前资源供需逐渐出现矛盾，支柱性矿产资源供需矛盾开始显现，部分矿种逐渐衰竭，矿山资源接替和保障能力日益紧张，后备资源及潜在资源亟待被勘查发现。

2.5.1　矿产资源接替保障能力

1. 能源与重要矿产后备资源不足

由于开采强度大，能源及稀贵金属矿产等重要优势矿产资源开采消耗速度快，矿山资源危机频频出现，后备资源明显不足，勘查开发难度加大，产量逐年下降，年均下降幅度5%以上。

例如，秦巴山脉十堰地区在今后的15年，其矿产资源的消耗将继续以较高速度增长，供需形势十分严峻。受资源禀赋条件所限，除少数矿种可以满足需求，资源保证程度较高外，大多数矿种的自给率低，不能满足需求。

又如，秦巴山脉陇南地区根据资源储量探明情况及预测分析，重要和优势矿产主要为铅、锌、金、锑、石膏、水泥用灰岩、重晶石等7种。煤、铁、铜、银等矿产为紧缺矿种。

能源矿产保证程度较好，供给基本平衡，但是煤炭等需求量大的能源在秦巴山脉区域尚不能自给自足，质量参差不齐，而且还需要从外地输入。天然气、页岩气丰富，但石油等能源矿产不具有优势。

例如，秦巴山脉河南片区的石油、天然气资料显示，截至2012年，原油田累计探明石油地质技术储量73 258.78万吨，剩余地质技术储量5 219.19万吨，累计探明天然气地质技术储量1 074.79亿立方米，剩余地质技术储量97.22亿立方米。

有色矿产、黑色金属矿产资源保证度差，其中铜、铝、铬、钾盐情况尤为突出；锰、钨、锡、锑、金、银、硫铁矿等因质量差或资源有限、开发利用条件不利而出现一定程度的短缺。铁矿、铜矿、铅锌矿和大宗农用矿产短缺，急需加强地质找矿工作。对国有大中型矿山的初步调查表明，具有不同程度资源危机的矿山占总数的62.2%，矿产量不能满足消费及后续加工业需求，缺口会越来越大。

稀贵金属资源优势较为突出，但是多年的开发利用，地质勘查未能跟上，导致后备资源明显不足，已出现明显短缺。在秦巴山脉河南片区和陕西片区，经过多年黄金开采，很多矿山已出现资源危机，后备资源严重制约着矿山企业的发展。秦巴山脉甘肃片区黄金及铅锌资源相对丰富，目前正处于开发利用阶段。

2. 磷、钡、钒等其他矿产资源丰富，矿产量供需基本平衡，但资源分布不均

有色及黑色金属部分矿种有较大规模，如秦巴山脉区域中重庆城口县素有"亚洲钡矿之都"的美誉，同时是全国五大锰矿产地之一，多金属矿；安康的汞锑钛锌储量居全国前列；襄阳的金红石储量亚洲第一，钒矿资源也相当丰富，具有国内最大规模的钒矿基地。一旦选冶加工技术成熟，铁（高磷赤铁矿）、钛、银钒、铌、钽、锂、锶、稀土、铯、铷、硒、溴、碘、硼、蒙脱石黏土等潜在优势矿产，可缓解和保证需求，部分可供应国内外市场。

化工矿产、非金属矿产及建材矿产资源为秦巴山脉区域最为丰富的矿产资源，不仅能满足当地的经济建设需要，还极大地满足了周边城市的建设需求。

非金属矿产，如南阳的蓝晶石、红柱石储量位居全国第一；盐、芒硝、水泥用灰岩、石膏、冶金辅助原料等矿产自给有余；重晶石、化肥用橄榄岩与蛇纹岩、石墨、玻璃原料等矿产可满足近期需求；秦巴山脉陕西片区的石灰岩、石棉、饰面石材保证程度较高；重晶石、石墨、玻璃硅质岩、石膏发展潜力较大；硫化工矿产尚可自给；十堰市铌-稀土矿储量位居世界第二，矿产资源经济价值非常可观。

化工矿产，如秦巴山脉湖北片区的磷矿储量4.2亿吨，可采储量居全国首位，号称"磷都"；秦巴山脉陕西片区磷矿资源匮乏，资源分布不均。

大巴山重庆地区非金属矿产资源较丰富。水泥用灰岩、砖瓦用黏土、岩盐、建筑用砂等大部分矿产能满足产业结构调整、城市建设、库区建设及基础设施建设等需求，膨润土、磷、优质陶瓷土、硫铁矿等部分矿产供应不足。水气矿产矿泉水资源丰富，能满足需要。襄阳市磷矿的供需形势主要表现为供大于求，矿石以外销为主。

截至2013年，秦巴山脉十堰地区有水泥用灰岩矿山32家，矿石年产量87.61万吨；十堰地区累计探明水泥用灰岩矿石资源储量21 883.31万吨，保有资源储量21 741.00万吨，其中基础储量5 389.25万吨。水泥用灰岩的开采量是以需定产的。

2.5.2　后续矿产资源找矿潜力

秦巴山脉区域后续矿产资源找矿潜力正逐步增加，有待进一步通过勘查加

强，通过有效调控重要优势矿产开采总量，在稳定和提高资源可供性的基础上，平稳增加重要矿产资源开采量。

例如，南秦岭地区主要矿种埋深300米以浅勘查程度相对较高，但是深部矿、隐伏矿工作程度较低，仍有巨大的找矿潜力。

钼矿：钼矿是优势矿种，勘查程度相对较低，还有较大的增储空间。仅在伏牛山、熊耳山地区埋深1 000米以浅预测钼矿资源总量即达714万吨。豫西、豫西南、豫南地区钼异常的查证程度和矿产勘查深度所反映的信息表明，钼矿仍然是最有找矿前景的矿种。

金矿：截至2013年，累计探明岩金资源储量761.30吨，保有储量仅有241.81吨。金矿勘查强度最高的为小秦岭地区。这证明金矿深部还有较大的找矿空间。

铅锌、银矿：由于工作程度较低，还没有形成可供进一步勘查的资源基地，秦巴山脉区域埋深1 000米以浅探明程度仅有15%，找矿潜力较大。

例如，陕西近年来投入地质找矿资金47.56亿元，可在秦巴山脉陕西片区新增金矿231.66吨、铅锌矿155万吨、钒矿123.53万吨、铁矿6.38亿吨、铜矿20.3万吨、银矿803.04吨、锰矿372万吨、钼矿97.34万吨。预计通过努力，陕西钼资源量有望达到120万吨，相当于原矿量的1.2倍，将提前实现"再造一个金堆城"的目标。

又如，截至2012年，秦巴山脉河南片区提交重要矿产资源大中型新发现矿产地20处，新增煤炭资源储量82亿吨（其中探明资源储量30亿吨），铝土矿2.5亿吨（其中探明资源储量1亿吨），耐火黏土矿5 000万吨；预期获得黄金资源储量150吨（其中探明资源储量50吨），银4 000吨（其中探明资源储量1 500吨），铅锌200万吨（其中探明资源储量50万吨），钼150万吨（其中探明资源储量50万吨），铁矿石资源储量5亿吨（其中探明资源储量1亿吨），锑矿5万吨（其中探明资源储量1万吨），铀矿2 000吨；预期获得岩盐资源储量500亿吨（其中探明资源储量300亿吨），天然碱4 000万吨（其中探明资源储量1 000万吨），芒硝3 000万吨，灰岩资源储量15亿吨，冶镁白云岩5亿吨，萤石200万吨。

秦巴山脉湖北片区开展了十堰市银洞沟矿区深部及外围接替资源找矿；主要开展金、银、锑、煤、铁、钒、钼、铌、稀土等矿产资源勘查，发现了矿产地10处，新增主要矿产资源储量：石煤1.74亿吨、铁矿4 500万吨、钒矿（V_2O_5）36.3万吨、金矿（金属）12.38吨、银矿（金属）175万吨、铅锌矿（金属）53万吨、铌稀土（$Nb_2O_5+TR_2O_5$）10万吨、铜矿（金属）46万吨、磷矿2 500万吨、重晶石400万吨、地热1 000立方米/日、饰面用板岩4 000万立方米。

湖北省拟开展房县—神农架地区矿产资源勘查，预期新发现矿产地5处，新增主要矿资源储量：石煤2 500万吨、铁矿2 000万吨、钒矿（V_2O_5）20万吨、铜矿（金属）40万吨、铅锌矿（金属）30万吨、金矿（金属）10.5吨、银矿（金属）200吨、磷矿1 000万吨、重晶石200万吨、水泥用灰岩2 000万吨、饰面用板岩2 000万立方米[15]。

2.6　秦巴山脉区域矿业竞争力水平分析

2.6.1　秦巴山脉区域矿业资源条件

1.资源总体丰富，种类较为齐全

秦巴山脉区域已探明矿种超过100种，其中金属矿产中铅锌、钼、镍、钒、汞锑、铝土矿、锰、黄金、白银，非金属矿产中盐类矿产、重晶石、石膏、水泥灰岩、耐火黏土等，化工矿产中磷矿、硫铁矿、明矾、碱盐及建材等70余种矿产资源优势突出，在国内地位显著，占据秦巴山脉区域矿业经济较大比重，具有较强的市场竞争力。例如，秦巴山脉陕西片区保有资源储量居全国前列的重要矿产有钼、汞、金、石灰岩、玻璃石英岩、高岭土、石棉等，不仅资源储量可观，而且品级、质量较好，在省内乃至国内市场具有明显的优势。

2.资源分布广泛，且相对集中

陕西探明铁矿产地25处，储量6.5亿吨，多为磁铁贫矿，富矿仅占0.2%左右。工业价值较大者有柞水大西沟、略阳鱼洞子、黑山沟和杨家坝等矿床。钼矿、金矿主要集中在秦巴山脉陕西、河南片区，其中在陕西潼关、华州区和洛南地区形成金矿、钼矿资源集中区域，河南区域在小秦岭、熊耳山、桐柏—大别山3个集中区内。其中累计探明钼矿资源储量（金属量）378.92万吨，保有储量364.71万吨。仅在伏牛山、熊耳山地区埋深1 000米以浅预测钼矿资源总量即可达714万吨。陇南地区主要矿产地分布情况为：西成矿田的厂坝、洛坝、毕家山、邓家山、小厂坝、李家沟、磨沟大型铅锌（银）矿床7处，西和县崖湾大型锑矿床1处，礼县李坝金矿集中区，两当县西安河金（银）矿区，文县新关—阳山—高楼山金矿田和文县筏子坝—康县阳坝铜矿集中区，其中阳山金矿为特大型金矿床。

3.总体勘查程度低，规划利用水平不足

有些关系到国计民生的重要矿产，如铁、铜、锰、铝、锡、钨、铂族金属、萤石、钾盐、磷、金刚石等，或贫矿多，或探明储量少且无可供规划矿区，或开发利用条件差，少数矿种至今仍无探明储量。例如，秦巴山脉河南片区，预测埋深1 000米以浅铝土矿资源潜力56亿吨，其中0~300米预测资源量10.1亿吨，300~500米预测资源量15.4亿吨，500~1000米预测资源量30.5亿吨。埋深300米以浅铝土矿探明程度仅有40.7%，深部及煤矿之下铝土矿勘查不足。由于工作程度较低，还没有形成可供进一步勘查的铅锌银矿资源基地，埋深1 000米以浅铅锌银矿探明程度仅有15%，找矿潜力较大。

4. 共（伴）生矿、贫矿多，开发利用难度大

金属、非金属矿产特大型、大型矿少，中小型矿多，富矿少，中低品位矿多，单一矿少，共（伴）生矿多。例如，秦巴山脉十堰等地区，80%以上金属矿产为共（伴）生矿，其中钒、钼、钛、铌、锆、铅、锌、镉、铀、钍等矿产，由于选矿加工技术难度较大，相当一部分矿产在现有技术条件下不能被综合利用。受成矿地质条件限制，金红石、镍、钼、锆、独居石、石棉矿等矿产，贫矿多、富矿少、有害杂质含量高、矿物嵌布粒度细、矿石质量差、开发利用成本高，目前难以开发利用。可经济开采的储量少，难以开发利用的资源量多。陇南地区矿产资源的赋存具有矿种多、共（伴）生矿床多、组分复杂的特点。

2.6.2　技术水平与管理体制

1. 总体技术开发水平参差不齐，部分企业比较落后

资源集中的区域形成的大型矿山企业的技术水平居全国乃至世界前列。例如，金堆城钼业集团有限公司、洛阳栾川钼业集团股份有限公司，其采矿、选矿技术装备、自动化水平和综合技术指标居全国前列；陕西凤县四方金矿有限责任公司金浸出率和利用水平位居秦巴山脉区域前列。对于大部分中小型矿山企业而言，资源利用率不高，浪费严重，产业单一，成本高。秦巴山脉区域复杂多元素共生矿、低品位矿、难选冶矿所占比例较大，对这些矿的开发利用是矿产资源开发利用的重要任务，适用于这些矿的综合利用技术较为欠缺。其问题主要表现在：传统矿产加工生产工艺复杂、流程长、成本高；采矿工艺技术水平落后、选冶过程的自动控制水平低、选冶流程不科学，使很多伴生、共生组分损失；大型高效低耗选冶加工装备缺乏，选矿厂装备水平不高；相对缺少对尾矿、废渣等固体废弃物进行综合回收利用的先进装备。这些因素都制约了矿产资源综合利用的效益和对贫、杂、微细复合矿石的综合利用。

2. 矿产资源综合利用水平滞后

相比之下，秦巴山脉区域对矿产资源的综合利用起步较晚，目前还有相当多的小型矿在采用最原始的采矿和选冶方法。金属矿产资源选冶加工仍以初级产品为主，产品缺乏国际竞争力。综合利用所得产品的科技含量和附加值较低，市场销路有限，也是制约资源综合利用的重要原因之一。

例如，秦巴山脉河南片区现有采矿能力远大于选矿能力，矿产品仍以原矿和初级加工品为主，冶炼与深加工薄弱，矿产品附加值低，经济效益差。小型矿多，矿山布局不合理，"大矿小开、一矿多开"等现象依然存在；一些矿山企业采矿回采率低；大量共（伴）生矿产资源未能得到很好的综合回收利用，浪费严重。

据统计，秦巴山脉区域矿产资源总回收率和共（伴）生矿产资源综合利用率平均分别仅为30%和35%左右，比国际先进水平低20%；金属矿山尾矿的综合利用率仅为10%左右，远低于发达国家60%的利用率；工业"三废"综合利用率总体偏低，如粉煤灰的利用率为48%，煤矸石为38%。在品种上，综合利用的矿种只占可以开展综合利用矿种总数的50%左右。在数量上，铜、铅、锌矿产伴生金属冶炼回收率平均为50%左右，发达国家平均在80%以上，相差30个百分点左右。伴生金的选矿回收率只有50%~60%，伴生银的选矿回收率只有60%~70%，与国外先进水平相比均落后10%左右。

3. 管理水平不断提升，管理体制科学系统尚未形成

近年来，秦巴山脉区域各省（区、市）在资源、矿业方面都有文件和管理方法及规划出台。整治乱采、乱挖，促使企业提升技术和提高安全、保护环境等措施和文件的出台，极大地提升了区域资源管理水平，促使企业规范发展。但管理体制尚未形成科学体系，文件的连贯性、执行的有效性没有凸显，秦巴山脉各片区没有互相协调机制出台，各片区发展不平衡、产能过剩严重，技术水平提升慢。

矿山企业也在不断提升管理水平，开展了一系列节能降本等措施，规范发展势头不断深入，如金堆城钼业集团有限公司三十亩地选矿厂2013年上下齐心合力，依靠提升管理和技术创新，全面推行对标管理，强化生产组织，努力节支降耗，获得"全国有色金属行业先进集体"称号。

4. 乱采滥挖，资源浪费严重

从秦巴山脉区域行政管理角度而言，小矿山各自为政，技术单一，难以形成规模采矿和规模经济，矿产资源的综合利用效率偏低。国家通过多年治理，对小型矿山进行关停并转，取得了一定成效，但小型矿山数量仍然巨大。由于这些小型矿山企业欠缺资金、技术、管理、人才等方面的扶持，采富弃贫、采易弃难的现象普遍，造成矿产资源的严重浪费；且其安全环保意识薄弱，使当地在社会经济繁荣的背后埋下了隐患。

5. 生态环境遭到破坏，环境问题严重

矿产资源的开采过程会造成地形地貌的破坏，造成地质灾害，如地表下沉、滑坡和泥石流等。矿石选冶过程伴随废水、有毒气体、粉尘及固体废弃物等的排放。一些矿山企业环保意识薄弱，没有完善的环保设施，有的企业甚至对排出的"三废"不进行处理就直接外排。"三废"的排放造成土壤、大气、地表水和地下水的污染，破坏了生态环境，造成砷、氟、重金属等有害成分的累积，直接危及矿区周边人民群众的身体健康。大量矿山废弃固体堆砌场和尾矿堆放库存在地质安全隐患。

因此，我们要加强矿产资源开发总量与国民经济发展关系的研究，科学确定矿产资源开发时序和总量，尤其对保护性开采的特定矿种和优势矿产，要采取有效措施，加强监控；采用法律、法规和经济、行政等综合手段，引导矿山企业合理确定开发规模；适时调整矿产品结构和数量，以实现规划确定的矿产资源开采总量调控指标；对本地紧缺矿种要从长远考虑，加强资源储备和产品储备，建立稳定的资源供给基地，对国内外市场价格具有重要影响的矿产地的资源储量要适时保证一定比例的战略储备，保障经济社会发展对矿产资源的需求，促进矿产资源的可持续利用。

2.6.3　国内外市场发展趋势

秦巴山脉区域矿产资源总量大、产品多，优势矿产资源大多出口国外，战略性资源根据国家需求控制生产。秦巴山脉区域矿产资源分布广，生产能力不高，方式单一，产品市场竞争力不强，战略性矿产资源在国际市场上的定价权能力较弱，加上秦巴山脉区域经济发展一直较为滞后，对矿产品需求不强，而作为当地主要经济支柱的矿业，往往被过度依赖输出赚取经济收入，进而造成市场竞争力优势不明显，矿业产品加工水平不高，产品质量较低，在一定程度上形成了恶性循环，抑制了矿业健康发展。因此，秦巴山脉区域出现了矿业产品成本高居不下、资源浪费严重、初级产品较多、产业链简单、企业之间无法形成产业群或者联合产业、矿业附加值不高等问题，造成潜在经济损失。

2.7　秦巴山脉区域尾矿库现状及尾矿利用情况

秦巴山脉区域矿产资源丰富、种类齐全，矿业生产产生了大量的尾矿资源。由于秦巴山脉区域贫矿多、单一矿少，共（伴）生矿多，矿石组成复杂，难选冶矿多的特点，并且多数矿山选矿设备陈旧、老化现象普遍，以及管理水平和选矿回收率低，矿产资源得不到充分利用。

　　秦巴山脉区域尾矿库共计1 300多座，其中河南是秦巴山脉区域内尾矿库最多的地区，栾川县尾矿库数量达277座。2012年秦巴山脉陕南段共有尾矿库270座，占陕西省的86%，其中商洛市尾矿库109座、汉中63座、安康26座、宝鸡58座、渭南14座。四川省有137座尾矿库，重庆市有35座尾矿库。秦巴山脉区域内尾矿堆积量达到十几亿立方米，尾矿成分类型复杂，主要以有色金属、贵金属尾矿为主，占到80%以上[23]。

　　秦巴山脉共（伴）生矿产资源的综合利用率不到20%，矿产资源总回收率只有30%。即使在一些大型国有矿山企业开展了资源综合利用，也只占国有矿山的10%。大量有用资源进入尾矿废石之中。

　　尾矿库分布与水系关系见图3-2-4，各省（区、市）尾矿库所占比例见图3-2-5。

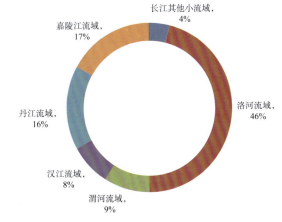

图3-2-4　尾矿库分布与水系关系

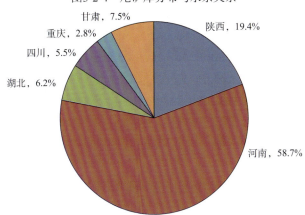

图3-2-5　各省（区、市）尾矿库所占比例

由于舍入修约，数据有偏差

尾矿资源的堆存现状。尾矿是选矿厂在特定经济技术条件下，将矿石磨细选取有用组分后所排放的固体废料，是矿业开发特别是金属矿开发造成环境污染的重要来源。同时，受选矿技术水平、生产设备的制约，尾矿也是矿业开发造成资源损失的常见途径，因此，尾矿具有二次资源与环境污染的双重特征。

一般而言，化工、黑色金属矿山中，尾矿量占矿石量的50%~80%；有色金属矿山中，尾矿量则要占70%~95%；而在黄金、钼、钨、钽、铌等稀有金属矿山中，尾矿量更是占到99%以上，几乎可以说是除了回收目标元素载体矿物之外，其余组分均未得到有效利用。尾矿量是十分巨大的，秦巴山脉区域尾矿量估计在5亿~8亿吨。

尾矿的大量堆存是对资源的一种浪费，也会对环境造成很大的影响。尾矿库数量多、规模小。现役尾矿库属于二等或二等以上的尾矿库数量极少，大部分为三等及以下小型尾矿库，这部分尾矿库安全级别不高，容易发生危险事故。

2.8　秦巴山脉区域矿山地质环境保护、治理恢复现状及存在问题

党的十八届五中全会提出了创新、协调、绿色、开放、共享的发展理念，矿业坚持绿色发展必须从战略的高度把握和践行，走绿色发展道路。发展绿色矿业，就是要走资源节约、环境友好、高效利用、矿区和谐的发展道路。这就要求节约和高效开发利用矿产资源，实现"提高节能、节水、节地、节材、节矿标准"；保护矿山环境，实现人与自然和谐共生；坚持矿区和谐发展，开发一方资源，造福一方人民，形成良性的共享机制。

2.8.1　秦巴山脉区域地质环境的现状

矿业开发在促进经济发展的同时，也使秦巴山脉自然生态环境日益恶化，水土流失、地质灾害、水污染和生物多样性遭破坏等生态环境问题凸显，造成矿区地面塌陷、地裂缝、崩塌、滑坡、含水层破坏、地形和地貌景观被破坏等较为严重的矿山地质环境问题。采矿引起的矿山地质环境问题较多，类型较为复杂。

秦巴山脉区域主要矿山地质环境问题有矿山地质灾害；矿区土地资源被占用与被破坏；主要矿集区与水系关系复杂，矛盾突出；矿区地下水系统被破坏；矿区环境污染五大类。

1. 矿山地质灾害

矿山在建设及开采过程中会破坏矿区地质环境条件，引发大量地质灾害，造成严重的人员伤亡和经济损失。据统计（截至2008年），秦巴山脉陕西片区的矿业开发，共引发地质灾害663处，其中地面塌陷299处、地裂缝132处，滑坡111处、泥石流78处、崩塌43处，地质灾害共造成40 241.26万元的直接经济损失，造成201人死亡；能源类矿山引发地质灾害461处，金属类矿山引发地质灾害127处，其他类矿山引发地质灾害75处[24]。

2. 矿区土地资源被占用、破坏

矿业开发占用、破坏土地资源在所难免。一方面，采矿场（露天开采）、废石（渣）场、尾矿等固体废弃物占压破坏土地资源；另一方面，无论地下开采还是露天开采都会不同程度地破坏原始的地质结构形态，形成采空区或高陡边坡，进而影响范围内的土地资源。另外，矿区林木、草地的被占用与被破坏使植被减少，水土流失加剧，生态环境恶化。

3. 主要矿集区与水系关系复杂，矛盾突出

主要矿集区主要分布在黄河支流洛河、长江支流嘉陵江和汉江水系的中上游区段。各矿集区与水系关系密切，矿产资源的开发与水土保持、水环境存在矛盾。

4. 地下水系统被破坏

矿山在建设、采矿过程中抽排、污染地下水，使原水位降低，水质恶化，破坏了原地下水系统，使地下水的径流循环系统发生改变，矿区范围及周边地下水循环系统遭到严重影响与破坏，其表现是多方面的。

1）地下水资源流失

矿业开发过程中，在地下水较丰富的区域一般都要强制性抽排地下水以保证采矿安全，抽排的地下水除少量被综合利用外，其余大部分被作为废水排放，造成地下水资源大量流失。

2）矿区水源枯竭

矿业开发导致地下水位持续下降，地下水水源地供水量减少、泉水流量减少甚至断流，这在煤炭矿山开采区表现得尤为突出。

5. 矿区环境污染

矿山多分布于沟谷、河流等地表水系的中上游，采矿形成的矿坑水、选矿废水等多就近排放；采出的废石、煤矸石、选矿尾渣多利用地势、地形堆放，尾矿

库更是多建于沟谷内，这些固体废弃物产生的粉尘、污水都会对生态环境造成影响；煤矿瓦斯排放、矿石破碎、运输、煤矸石自燃、矿山废物有毒组分挥发等，都会产生大量有害气体和矿尘。这些废水、废渣、废气、粉尘大部分都含有有害物质，处置不当都将成为污染源。

2.8.2　秦巴山脉区域矿山环境治理遇到的问题

在秦巴山脉区域矿山环境治理过程中遇到的问题包括如下几个方面。

（1）法律法规、政策落实不严，矿山环境违法成本不高。尤其对山区的矿业活动约束力更弱，加上地方保护主义的存在，致使私采、盗采一度猖獗。

（2）矿山环境在粗放的采矿方式和落后的生产工艺下治理恢复困难。相当一部分矿山不按照开发利用方案设计的开采方法留设坡面和预留采矿平台，而是一个采面一崩到底，形成高陡的采面，存在崩塌和滑坡等地质灾害隐患。

（3）矿山环境破坏点多面广，治理任务艰巨。

（4）矿山环境恢复治理资金征收存在问题，部分闭坑矿山未按规定在开采结束后进行矿山地质环境的治理恢复，或缴纳足够保障金以便进行治理恢复。

（5）公众参与矿山环境恢复治理监督的意识淡薄，对于一般的矿山环境问题采取容忍的态度。

（6）矿山环境恢复治理重视末端治理，而非生产过程的无害化。

第3章 秦巴山脉区域矿产资源绿色循环开发战略

3.1 秦巴山脉区域矿产资源总体规划指导思想

3.1.1 指导思想

以生态建设为核心，创新驱动、发展山区矿业经济。以秦巴山脉区域矿集区为纽带，通过矿业绿色循环发展扶持区域民生建设，破除行政壁垒，构建区域矿业发展新模式，构建生态矿业发展路径。以国家储备和绿色循环开发为主线开展秦巴山脉区域资源勘探开发工作。

3.1.2 发展定位

以建立国家主体生态功能区为中心，结合成矿带与矿集区分布特点，提出不同生态功能要求的矿业发展质量和发展速度。

3.1.3 发展思路

（1）保护优先。依托环境功能分布，划定秦巴山脉区域的矿产开发控制红线和分阶段发展目标，引导秦巴山脉区域矿业产业合理布局，推进秦巴山脉生态环境保护和资源保护、灾害防控顶层设计，逐步实现资源储备与综合国土（空间）开发利用的结合。

（2）创新支撑。以绿色循环发展理念为指导，开展绿色循环发展创新实践。通过技术创新、转变观念，引导矿业开发由规模发展向精细发展转变，构建长产业链、多产品端产业体系，促进矿业环境弱扰动、灾害易控制的绿色循环开发，实现秦巴山脉区域资源开发与利用具备有效保护、合理储备与高效利用的技术基地。

（3）适度有序开发。以现有大型矿业企业和矿集区为依托，通过调整限制规模小、环境影响大的非金属和金属矿山，适度开发大型有技术基础的矿山和环境制约矿种，引导开展以提升矿集区资源规模为核心的资源勘查。

3.2   秦巴山脉区域矿产资源总体规划基本原则

（1）坚持环境优先、节约、集约（园区化）绿色循环开发原则。
（2）矿业经济发展与生态设计、脱贫致富相统一原则。
（3）环境与开发的定性分析与定量评价约束相结合的原则。
（4）生态功能区经济建设与区域经济社会发展水平相适应的原则。
（5）立足现状与面向未来长期发展相结合的原则。
（6）非均衡发展原则。根据主体功能区划要求，进退有序，围绕秦巴山脉区域外围城市向区域内城市和开发企业提供技术支持，区域内部采取保护性开发策略。
（7）技术进步与国家储备集合原则（资源储备、技术储备、空间利用、能储备、军事储备）。

3.3   秦巴山脉区域矿产资源绿色化发展目标

3.3.1   总体发展目标

以"广勘探、强保护、多储备、慎开发"为发展目标，以"面保护、点开发、控扰动"的生态发展观协调发展与生态保护的关系，提高矿产资源（金属、非金属和建材）综合利用水平，降低单位产值资源环境消耗，严控废弃物排放水平，实现生态矿山，力争建设秦巴山脉区域生态矿产资源开发利用的典范。

分阶段发展目标如下。

（1）近期（2020年）对生态功能核心区的矿产开发全面禁止，只做国家勘探储备。

（2）中期（2030年）对生态功能非核心区矿山通过技术创新进行升级改造，实现集群化和园区化生态开发。

（3）远期（2050年）实现秦巴山脉区域集群化开采、园区化加工的全面绿色循环生态开发。

3.3.2 具体发展目标

（1）建设国家生态矿业示范区。通过探索矿业开采集团与加工园区实践，实现在长度（产业链）、宽度（综合利用）、高度（高级材料）、经济性（产排比）等方面的加强，形成人、矿、要素（交通、旅游）与自然和谐共处绿色循环矿业发展模式。

（2）实现国家矿产战略安全基础。平衡东西部发展，连接"一带一路"，做好示范山区矿产开发与脱贫发展，探索中央战略矿产储备核心。

（3）构建国家山区矿业技术创新研发基地。开展技术研发和技术储备，以科技为支撑，走内涵式现代矿业发展道路。积极开展无（少）废开采和智能化开采技术及其装备体系技术、空间利用技术，资源高效综合回收技术、低品位综合矿的选冶技术集成、循环体系建设等研发。通过科研攻关，立足于在特殊时期"藏得住、快启动、尽利用"的能力，实现"藏矿于技（术）"。探索环境脆弱与敏感地区的矿产开发与地质灾害防控、尾矿库安全、水体污染源等综合消除与治理新模式。

（4）探索山区矿山空间利用开发新机制。以秦巴山脉区域特有的自然地理和区域优势，通过军事工程、灾害控制、地下交通等与矿业开发的系统结合，充分开发并利用空间；积极开展地热交换开发、储能（蓄能电站）空间开发，以及废弃物建材化应用示范基地建设。

（5）建设矿业高新材料产业设计制造基地。以增材制造（3D打印）和新能源、新技术发展需要为契机，有针对性地探索金属、非金属材料的开采深加工系统建设。

第4章　秦巴山脉区域矿产资源开发区划分

4.1　勘查开发分区原则

以秦巴山脉地质背景与成矿控制条件为基础，综合考虑成矿地质条件、资源赋存特征、资源潜力等因素，根据成矿区带划分、矿产资源勘查现状、矿产开发布局，以生态保护为前提，本着环境优先、规模开发的原则，考虑矿产资源供需关系、国家产业政策的要求，以及资源环境承载能力，将秦巴山脉区域矿产资源开发区合理划分为重点勘查开发区、鼓励勘查开发区、限制勘查开发区、禁止勘查开发区。

4.1.1　重点勘查开发区

重点勘查开发区划分原则：在成矿条件有利、找矿前景良好的地区划定重点勘查开发区，包括大中型矿山深部和外围等具有较大资源潜力的区域，国家规划矿区、对国民经济有重要价值的重点矿种的矿区及外围等具有大中型矿产地规模潜力的地区。

重点勘查开发区管理政策：重点勘查开发区要综合考虑地质规律、勘查程度，对地质勘查工作进行统一部署，统筹规划探矿权设置，对已经设置的分散探矿权进行整合，确保整装勘查；达不到整装勘查要求的重点勘查开发区停止新设探矿权；应由政府引导和鼓励进行勘查，建立和完善中央、地方、企事业单位多方联动的勘查新机制，发挥各方面的积极性，实现资源的整装勘查。

4.1.2　鼓励勘查开发区

鼓励勘查开发区划分原则：将国家、省（区、市）紧缺矿种且在本区域内具有找矿前景的区段，经济欠发达具有找矿潜力的区域，资源潜力好但勘查开发难度和风险大的区域划分为鼓励进行商业性矿产勘查开发活动的区域。

鼓励勘查开发区管理政策：鼓励勘查开发煤层气、耐火黏土、蓝晶石、水泥用灰岩、萤石、石墨、磷矿、硼矿、铜矿、铬矿、镍矿、铂族金属矿及有市场需求的新型建材类等非金属矿产。

4.1.3　限制勘查开发区

限制勘查开发区划分原则：国家规定实行保护性开采的特定矿种、限制勘查开发矿种分布区，具有地方特色且资源储量有限的矿种需要储备和保护的区域；虽有可靠的资源基础和市场需求，但现阶段开发技术条件不成熟的区域；重要饮水水源保护区的二级保护区和准保护区；现有采选综合技术水平在没有升级条件下开发，对环境具有破坏影响的矿产分布区域。

限制勘查开发区管理政策：限制勘查开发区内要根据规划区的具体情况科学设定限制条件；限制勘查开发区内的探矿权新设、延续或变更时，要进行专门的规划论证或规划调整；对于限制勘查开发区内已经设置的探矿权没有达到规划准入条件的，要限期整改。限制勘查开发区内原则上不设探矿权、采矿权，如确实需要进行矿产勘查开发的，应该在特殊条件下及采选等技术充分支持的条件下，进行严格的环境评估工作和制定有效的保护措施。限制勘查开发区内已设有的采矿权，应根据勘查开发进展和情况适当调整，对于确实需要继续勘查开发的，要采取切实可行的保护措施，最大限度地减少对生态环境的破坏；对已取得勘查成果，要求停止勘查的和不予转入开发的探矿权，有关部门应制定具体办法，有偿注销其《矿产资源勘查许可证》，对于达不到要求的探矿权，有关部门应依法注销其《矿产资源勘查许可证》。

4.1.4　禁止勘查开发区

禁止勘查开发区划分原则：自然保护区、地质遗迹保护区（地质公园），重要饮水水源保护区的一级保护区，风景名胜区，森林公园，国家重点保护的不能移动的历史文物和名胜古迹所在地；铁路、高速公路、国道、省道两侧直观可视范围；勘查开采活动可以影响到的重要工业区、大型水利工程设施、城镇市政工程设施等范围内；港口、机场、国防设施圈定的地区；国家和省法律、法规规定的其他不得勘查开采矿产的地区。

禁止勘查开发区管理政策：禁止勘查开发区内严格禁止开展商业性矿产资源勘查开发活动，但是可以开展公益性地质矿产调查工作和国家投资的战略性矿产、储备性矿产勘查工作。将通过矿产资源调查评价，在具有生态环境和重要城镇及基础设施保护功能的禁止勘查开发区内发现的矿产地或成矿远景区纳入矿产资源储备，不再投入进行商业性勘查活动，主要开展特殊条件下开发工作的支撑技术研发储备。

4.2 勘查开发区块划分

根据秦巴山脉区域内矿产资源的赋存特点、勘查程度、资源储量规模、开发利用现状、技术经济条件和矿山环境保护等影响因素，按照科学布局、优化结构、规模开发的要求，划定勘查开发区块（表3-4-1）。

表3-4-1　秦巴山脉区域矿产资源勘查开发区块分级一览表

	序号	编号	勘查开发区块名称及等级	备注
重点勘查开发区	1	ZDKCsx01	凤县—太白金铅锌铜多金属重点勘查开发区	金、铅锌、铜
	2	ZDKCsx02	镇安县西部金钼钨铅锌重点勘查开发区	金、钼、钨、铅锌
	3	ZDKCsx03	勉略宁金铜镍多金属矿重点勘查开发区	金、铜、镍
	4	ZDKCsx04	小秦岭金钼铅矿重点勘查开发区	金、钼、铅
	5	ZDKCsx05	北秦岭铅锌锑矿重点勘查开发区	铅锌、锑
	6	ZDKCsx06	山柞—镇旬金银铅锌汞锑矿重点勘查开发区	金、银、铅锌、汞锑
	7	ZDKCsx07	板沙金钼钨多金属重点勘查开发区	金、钼、钨
	8	ZDKCsx08	石泉—安康—平利铜钼金重点勘查开发区	铜、钼、金
	9	ZDKCsc09	川北油气带重点勘查开发区	油气
	10	ZDKCcq10	城口锰矿重点勘查开发区	锰、金、银、铂
	11	ZDKCcq11	巫山—奉节煤炭重点勘查开发区	煤、石灰岩
	12	ZDKCcq12	巫山—奉节赤铁矿重点勘查开发区	赤铁矿、煤、石英砂岩
	13	ZDKChb13	十堰郧阳区、郧西县、丹江口市金铜银多金属矿重点勘查开发区	金、铜、银、
	14	ZDKChb14	十堰房县、竹溪县铅锌多金属矿重点勘查开发区	铅锌
	15	ZDKCgs15	陇南成县黄渚铅锌矿区、成县小沟里金矿区、镡河金矿区；西和县青羊峡铅锌矿区、邓家山尖崖沟铅锌矿区，后川金矿区、安家岔金矿区重点勘查开发区	铅锌、金
	16	ZDKCgs16	康县云台、三官、三河金重点勘查开发区	金矿
	17	ZDKChn17	南召县西岭铅锌矿勘查开发区、皇路店钼钨矿普查区、镇平秋树湾矿区深部及外围铜钼矿预查区、南河店铅锌多金属矿勘查开发区、皇后—维摩寺一带铅锌多金属矿深部普查区，方城县槐树庄金矿勘查开发区、内乡县板厂铜多金属矿勘查开发区，西峡县石板沟金矿勘查开发区，淅川县毛堂—西簧金多金属矿勘查开发区	铅锌、钼、钨、铜、金
	18	ZDKChn18	三门峡小秦岭金矿区深部及外围金矿勘查开发区；陕州区张家河金矿勘查开发区、栗子坪金矿勘查开发区、虎头流金矿普查区；卢氏县小河金矿勘查开发区；栾川县一带钼矿重点勘查开发区	金、钼

续表

	序号	编号	勘查开发区块名称及等级	备注
鼓励勘查开发区	19	GLKCsc01	巴中南江石墨鼓励勘查开发区	已发现石墨和霞石铝矿大型矿床2处、中型铁矿、石墨矿床9处及40多处小型矿床及矿点，成矿潜力巨大，特别是石墨矿床。截至2014年2月，已探明部分石墨矿石储量为5 360万吨
	20	GLKCsc02	平武—青川金—铜矿产鼓励勘查开发区	成矿地质条件较好，矿产地质勘查开发程度很低，目前发现的已知矿床数量多，特别是金矿，具有大型、中型和小型金矿兼备，原生金矿和沙金矿构成成矿系列的特点
	21	GLKCsc03	江油—雁门铁—铝—金矿产鼓励勘查开发区	大致位于江油—广元龙门山北部龙门山断裂带的北段，探明有石坎式锰矿、唐王寨式铅锌矿、碧鸡山式铁矿、杨家院式硫铁矿、轿子顶铜矿及第四纪沙金矿。以往地质工作程度极低，初步预测其资源潜力大
	22	GLKCsc04	万源—白沙铁—毒重石—高岭土鼓励勘查开发区	主要位于大巴山一带，大巴山断裂将该勘查开发区分成两部分，北部为在早寒武世的硅质岩、白云岩和碳质板岩中产出的毒重石，南部在震旦纪陡山沱期的黑色岩系中产有高燕式锰矿2处，即大竹河锰矿和田坝锰矿
	23	GLKCsc05	达州石墨—能源矿产鼓励勘查开发区	该勘查开发区以能源矿产广泛分布为特点，矿产资源的开发已经是达州地区经济重要的支柱产业。该勘查开发区内分布有普光和罗家寨2处大型气田及毛坝、铁山、渡口等中小型气田，油气成矿潜力巨大。除此之外，还分布有5处大型、中型及数百处小型煤田，有3处中型石墨矿，找矿潜力大
	24	GLKCcq06	城口大巴山鼓励勘查开发区	主要矿产为钡、锰，次要矿产为磷、钒、钼、金、银、铂、铅锌

续表

	序号	编号	勘查开发区块名称及等级	备注
鼓励勘查开发区	25	GLKCcq07	开州—云阳鼓励勘查开发区	主要矿产为粉石英、煤、钒、钼，次要矿产为铜、铂、铅锌
	26	GLKCcq08	巫山—奉节鼓励勘查开发区	赤铁矿、煤、硫铁矿、石英砂岩、石灰岩
	27	GLKChb09	襄阳老河口市、南漳县城关镇水泥用灰岩鼓励勘查开发区，谷城县花岗岩鼓励勘查开发区，襄城区石灰岩鼓励勘查开发区	水泥用灰岩
	28	GLKChb10	神农架林区温泉鼓励勘查开发区	温泉
	29	GLKChb11	神农架林区阳日、新华、宋洛磷矿鼓励勘查开发区	磷矿
	30	GLKCgs12	陇南徽县小河铁厂铁矿区、虞关黑火石铜金矿区、刘家坡金矿区、东峪金矿区；嘉陵沙金矿区；两当县花崖沟金矿区、金厂沟金矿区、太阳金矿区、柳梢沟银矿区鼓励勘查开发区	铁、金矿
	31	GLKCgs13	礼县李坝、金山、马泉金矿勘查开发区	金矿
	32	GLKCgs14	文县沟岭子锰矿区、阳山金矿区、新关金矿区、碧口金矿区；康县阳坝铜金矿区、杜坝铜金矿区，武都区唐坝金矿区鼓励勘查开发区	金矿
	33	GLKChn15	南阳南召县煤田勘查开发区、白土岗化工用灰岩普查区，淅川县下集—内乡县师岗水泥用灰岩普查区，内乡县黑龙集铁矿勘查开发区，河南省南阳市隐山蓝晶石矿普查区及南阳盆地天然碱、岩盐勘查开发区	煤、化工用灰岩、铁矿、蓝晶石、天然碱等
	34	GLKChn16	三门峡—陕州区黄门铝土矿勘查开发区、安桥山—首山铝土矿勘查开发区、王古洞铝土矿区普查区，陕州区菜凹—鹿马煤矿区、卢氏县瓦房锑矿勘查开发区	铝土矿、煤矿、锑矿
	35	GLKChn17	三门峡市城区地下热水及矿泉水鼓励勘查开发区	地下热水及矿泉水

续表

	序号	编号	勘查开发区块名称及等级	备注
限制勘查开发区	36	XZKCsc01	广元—旺仓米仓山山前煤矿限制勘查开发区	主要位于米仓山南部山前区域，目前为中小型煤矿和白云石等非金属矿产的矿集区，煤矿已经成为地方经济的支柱产业。矿产资源的开发利用已经对环境造成了一定的影响，也对地下水和地表水造成污染。尽管该勘查开发区内矿床数量多，经济意义重大，但不作为鼓励勘查开发区
	37	XZKCcq02	重庆大巴山国家级自然保护区	石灰岩、白云岩、毒重石、金、铂、银、铅锌
	38	XZKCcq03	九重山国家森林公园	石灰岩、铅锌
	39	XZKCcq04	雪宝山国家森林公园	石灰岩、煤
	40	XZKCcq05	红池坝国家森林公园	煤、石灰岩、铅锌
	41	XZKCcq06	阴条岭自然保护区	石灰岩、煤
	42	XZKCcq07	巫山梨子坪森林公园	石灰岩、煤
	43	XZKChb08	十堰郧阳区、郧西县、十堰市城区、丹江口市钒铁矿、钛铁矿、重晶石矿、建筑用辉绿岩限制勘查开发区	钒铁矿、重晶石矿、建筑用辉绿岩、钛铁矿
	44	XZKChb09	十堰竹山县、竹溪县、房县钒、钼、煤、磷矿、硫铁矿、铌稀土矿限制勘查开发规划区	钒、钼、煤、磷矿、硫铁矿、铌稀土矿
	45	XZKChb10	襄阳保康县洞河矿区磷矿、马桥矿区磷矿、峰山矿区磷矿、白竹矿区磷矿、观音岩矿区—寺坪矿区磷矿限制开采区	磷矿
	46	XZKChb11	襄阳南漳县邓家崖矿区磷矿、大坪累托石黏土、东巩镇煤限制开采区	磷矿、黏土矿、煤矿
	47	XZKChb12	神农架林区的泮水、龙王庙、阳日、木鱼一带河砂料，青阳河一带石料限制勘查开发区	砂石
	48	XZKCgs13	陇南两当县广金无烟煤矿区，徽县洛坝、向阳山铅锌矿区，成县毕家山铅锌矿区、徽县谢家沟铅锌矿区，西和县崖湾锑矿区	煤、铅锌、锑矿
	49	XZKCgs14	西和县崖湾锑矿区	锑矿
	50	XZKCgs15	康县碾坝沙金矿区	金矿
	51	XZKCgs16	文县堡子坪煤矿区，麦贡山煤矿区，照化山重晶石矿区，筏子坝铜矿区	煤矿、重晶石矿、铜矿
	52	XZKChn17	南阳方城县柏岗金红石限制勘查开发区	金红石
	53	XZKChn18	洛阳市陆浑水库饮水水源二级保护区	水源保护区
	54	XZKChn19	三门峡石灰岩、玻璃用石英岩限制勘查开发区	石灰岩、玻璃用石英岩

续表

	序号	编号	勘查开发区块名称及等级	备注
禁止勘查开发区	55	JZKCsx01	凤县屋梁山省级自然保护区的缓冲区	
	56	JZKCsx02	太白县胥水河珍稀水生野生动物自然保护区的缓冲区和污染控制区、黄柏源自然保护区的缓冲区、牛尾河自然保护区的缓冲区	
	57	JZKCsx03	镇安县月河自然保护区	
	58	JZKCsx04	山阳县城区水源地保护区	
	59	JZKCsx05	洋县朱鹮自然保护区缓冲区	
	60	JZKCsx06	汉中梁山—龙岗寺名胜及地质遗迹保护区、小南海—大佛洞自然遗迹保护区	
	61	JZKCsx06	佛坪县城周边区域地质灾害防治区	
	62	JZKCsx07	镇巴县城周边区域地质灾害防治区	
	63	JZKCsx08	小秦岭黄龙铺—石门元古界地质剖面保护点	
	64	JZKCsc09	北川—江油保护区矿产禁止勘查开发区	北川小寨子省级自然保护区、江油佛爷洞—吴家后山国家级地质公园、江油观雾山国家级地质公园
	65	JZKCsc10	王朗—雪宝顶保护区矿产禁止勘查开发区	国家级自然保护区
	66	JZKCcq11	长江三峡及小三峡风景区	石灰岩、煤
	67	JZKCcq12	奉节天坑地缝风景名胜区	石灰岩
	68	JZKCcq13	重庆云阳龙缸国家地质公园	石灰岩、煤、铁
	69	JZKCcq14	四十八槽森林公园	泥（页）岩
	70	JZKChb15	隆中风景名胜区禁止开采区	风景区
	71	JZKChb16	薤山国家森林公园，南河，南漳水镜庄，保康县五道峡等风景名胜旅游区	旅游区
	72	JZKChb17	襄阳区内的鹿门寺，南漳县的七里山森林公园，保康县的官山森林公园，谷城县的承恩寺，老河口百花山森林公园，以及保康野生腊梅自然保护区等	自然保护区、国家森林公园
	73	JZKChb18	南漳县的玉印岩等重点文物保护区	文物保护区
	74	JZKCgs19	陇南徽县马鞍山煤矿、泥阳汞矿区	煤、汞
	75	JZKCgs20	两当黑河自然保护区，徽县三滩自然保护区，西和县古仇池国遗址，两当县云屏三峡风景名胜区，成县西峡颂风景名胜区，鸡峰山国家森林公园	煤、汞矿
	76	JZKCgs21	礼县香山自然保护区、大堡子山遗址及墓群重点文物保护区	自然保护区、文化遗址、风景名胜、森林公园
	77	JZKCgs22	武都区万象洞地质遗迹、朝阳洞风景区、五凤山森林公园，康县白云山森林公园、裕河金丝猴保护区，文县尖山自然保护区、天池地质遗迹、碧峰沟、玉虚山森林公园，康县梅园沟	自然保护区、文化遗址、风景名胜、森林公园

续表

	序号	编号	勘查开发区块名称及等级	备注
禁止勘查开发区	78	JZKChn23	南阳伏牛山世界地质公园、西峡县丹霞地貌重点保护区、西峡县恐龙蛋化石群自然保护区、西峡县西坪科考恐龙蛋化石群自然保护区、五垛山园区重点保护区、牡丹垛园区保护区等禁止勘查开发区	地质公园、保护区
	79	JZKChn24	三门峡市行政区内省级以上自然保护区、风景名胜区、文物保护区、地质遗迹保护区（地质公园）；地质灾害危险区、陇海铁路、洛三高速公路及主要公路沿线可视范围内	保护区

4.3　秦巴山脉区域矿产资源开发退出机制原则

以国土功能区划、环境要素为基础，通过对现有矿山梳理，采取区别对待，提出矿产资源勘查开发的合理进度和保证质量的发展速度。

1. 有序退出部分优势不明显、环境压力大的矿种

秦巴山脉区域矿产资源丰富，品种齐全，但矿山规模差异较大，自然地理和地质条件迥异。建议一些非优势、对环境影响大、单位面积矿集度不高、在国内优势不强的矿种逐渐退出。

例如，小型铁矿、水泥用灰岩矿、宝玉石矿（可以大规模开采非金属等除外）；对环境影响较大，尚无先进处理技术的矿种，如低品位钒钛磁铁矿、沉积钒矿等；限制和保护性开采国内保有储量有限的汞矿。

2. 以矿山规模为基础，有序退出部分矿山

以矿体储量规模、矿种需求度、国内外的获得性、单位面积环境承载力或扰动破坏容许度、开发环境影响度评价为依据开展综合分析，评价矿产开发与环境可行性。对规模小、优势不强、环境敏感及国内外其他区域替代性较强的矿床采取限制和退出开发，开展国家战略储备，还人民群众青山绿水。

（1）建议除黄金矿山外的各类小型矿山逐步退出。所占比例较大的中小型矿山技术装备、管理与产能水平较低。建议开发过程对环境影响明显，无法或经济不允许采取对环境友好工艺的小型矿山企业逐步退出。

（2）建议在当前技术水平下，开发对环境造成不可逆的、比较大的扰动和

污染的矿山企业，或者矿产资源在加工过程中对环境有明显影响、废弃物（目前尚不可利用）产出较开发利用目标产物比例超高的矿山企业逐步退出。

（3）建议受自然保护区和其他资源保护区限制（南水北调工程等）的矿山或矿区逐步退出。

3. 通过勘探实行战略资源储备

（1）对于规模比较小的矿集区，可以学习国外经验，开展跨区域深部找矿与国家战略储备，实现"藏矿于（基）地"。在含矿区储量规模达到一定程度时，可以将其作为矿集区来开发。

（2）对于自然保护区的矿产，可以继续进行勘查，以获得比较可靠的储量，同时建议国家投资开展开发前期的开采技术攻关，实行无扰动下开采的技术储备，以备特殊之需。

（3）通过对过渡区和开发区开展资源勘查，掌握资源规模，提高资源的保证程度。加强秦巴山脉区域主要成矿带和潜力成矿区域综合地质勘查，逐步查清潜在资源总量和开发地质环境控制条件，为战略储备和应急开发提供条件。

（4）对现有退出开发的小矿区和小规模矿床开展深部矿产资源勘查，了解或扩大资源集中度水平，为资源储备与规模化开发提供基础。

（5）探索走矿产资源"蓝色开发规划—绿色开采—节约与循环利用—集约开发（园区）"的秦巴山脉矿业经济发展模式。

第5章 秦巴山脉区域矿产资源绿色开发对策与建议

5.1 秦巴山脉区域矿产资源绿色综合化利用政策建议

党的十八届五中全会提出"创新、协调、绿色、开放、共享"的发展理念，并把创新放在五大发展理念之首，强调创新是引领发展的第一动力，必须把创新摆在国家发展全局的核心位置。矿业作为国民基础行业，是以高耗能、大量排放"三废"为特色的行业。因此，把"创新、协调、绿色、开放、共享"的发展理念作为矿业发展的指导思想的意义尤为重要。

矿业要实现产业升级，必须要创新；要保持生态化发展，必须要与当地自然环境相协调；要为民造福，必须开放共享。建设绿色矿山是当下矿业发展和产业升级的重要出路。要推行生态化矿业发展思路，强化节能降耗，成本低廉，效率高，开放共享，早日实现矿业的数字化时代。

5.1.1 勘查政策建议

秦巴山脉区域内普遍存在矿产资源勘查投入不足，基础地质工作安排较少导致矿产资源调查评价、勘查程度低等问题，探矿工作大多在深度300米以内，造成区域内矿产资源种类及储量不清且可靠程度较低、单位矿集度不高，缺乏总体规划。

1.勘查准入条件

（1）符合《中华人民共和国矿产资源法》和《矿产资源勘查区块登记管理办法》（2014年修订）规定的一切条件。

（2）在满足上述条件的基础上，在秦巴山脉区域鼓励已有矿集区勘查，增加单位面积矿产集中度，以利于规模化、园区化开发。

（3）鼓励开展储备性矿产资源勘查，作为战略储备。同时，研究开采加工条件，作为开发储备。

（4）矿产资源开发的企业对拟开发的矿产资源应在资源深度开发、综合利用、环境影响控制措施和手段等方面，具有一定的技术储备。

2.矿产资源勘查开发应遵循的基本原则

本着矿产资源勘查开发服从并服务于社会发展大局的原则，按照"加快发展，科学发挥，又好又快地发展"的总体取向，根据经济社会发展的需要，合理布局、有序开发秦巴山脉区域矿产资源。

（1）按照经济社会发展的宏观布局要求和国际经济形势，结合矿产资源分布特点和开发利用条件，确定矿产资源勘查开发区域发展方向、重点和时序。

（2）转变增长方式，矿产资源勘查开发必须由粗放型转变为集约节约型。

（3）加强综合勘查、综合开采和资源保护，发展矿产资源领域的循环经济，提高节约与综合利用资源的水平。

（4）矿区的地质环境和自然资源（土地）恢复，与矿产资源勘查开发协调同步。

（5）提高自主创新能力。鼓励原始创新、集成创新和再创新，增强自主创新力，迫使矿产资源勘查、开采和综合利用等环节的科技进步和结构调整，提升矿产资源勘查开发综合竞争力。

5.1.2　开发政策建议

秦巴山脉区域内的优势矿产资源的综合开发利用潜力有待进一步提高。秦巴山脉区域内主要的矿集区分布于省（区、市）交界区域，导致同矿种、同矿带矿产分省（区、市）、分区开采，特别是陕豫金钼、陕甘铅锌金、陕渝锰钡等主要矿集区。需要在近5~10年内对矿集区进行总体开发布局规划和技术升级。

1.小矿山开采对环境影响大的问题突出，建议对其采取清理退出

1）规模小、无序开采存在的问题及其应对方式

国有资产流失严重。由于无证、无主矿山的规模小、数量多、监管难，给国家造成的损失无法衡量和计算。

安全隐患严重。绝大多数事故发生在不具备安全生产条件、安全保障能力低、安全管理混乱的小型矿山，尤其是非法建设，违规建设和生产的矿山，安全生产形势依然严峻。

环境污染、水土破坏严重。规模小，导致监管不力；单位面积矿集度不高，

矿山企业在采矿中必然对破坏水土肆无忌惮；矿山无序开采破坏森林植被，废弃物排放加剧了生态环境恶化[25]。

2）小矿山治理现状

对不具备安全生产条件和破坏生态、污染环境等各类矿山，尤其是小矿山，全面提高矿山安全生产水平和安全保障能力。无证开采等违法行为如果被有效遏制，小型矿山数量将大幅减少[26, 27]。

2012年，陕西省政府依法取缔和关闭无证开采或证照不全、不具备安全生产条件和破坏生态、污染环境等各类矿山，尤其是小型矿山，在2012~2015年要关闭矿山998座[28]。陕西秦岭北麓开矿一度非常疯狂，隐藏在深山间的小型采石场违规开采，山体被削成峭壁，大地"遍体鳞伤"。政府部门为此曾多次进行整顿，但每次都"死灰复燃"，屡禁不止，有媒体采访发现，被关停后的采石场仍在偷采。

3）治理方法

堵疏结合，标本兼治。调整现有矿业政策，提高环境、安全红线标准，降低规模限制、调整地方利益分成，帮助诸多满足基本条件、能帮扶一方经济的小型效益佳的矿山企业规范化转正，实现规范经营。

综合监管、问责到人。对于经济效益小、污染和破坏严重、证件过期的小型矿山企业，严格实行关闭、停运。对使用炸药、氰化物的单位实行追究或监管问责，对其供电、燃油销售部门等严格管控，对相关责任人和地方一把手问责。

扶贫迁移、长远规划。对低效益不满足开发要求的矿山周围的贫困地区加大迁移力度，调整利益格局，着眼区域生态长远规划，歼灭污染源。在秦巴山脉的偏远山区，调整思路，大力实行整村迁移，改善居民生产、生活条件，加大区域外部技术支持，控制矿山开发对居民生产、生活的影响。

2. 设立资源准入红线，控制矿山污染源

以单位面积内矿产资源储量为基础，评价矿产资源开发的环境影响、矿山开发规模，制定严格的矿山环境影响评价指标和影响程度指标，控制矿产开发后的环境扰动程度。建议针对不同矿种资源量设置一定规模限制，未达规模不予开发，可以进行勘探，提高资源规模和集中度。

3. 设立技术储备准入红线，提高资源的利用水平

矿山企业进入资源开发阶段，需要具备一定的技术储备和人才储备。主要包括对拟开发矿区的开采条件、资源总体利用水平、自然地理环境扰动的程度、污染源的控制、矿区空间的处理与利用、加工技术水平等进行分级要求，鼓励有技术储备、管理水平高的企业进行开发，并在政策上予以扶持。

4. 以一定区域自然地理环境条件和矿产开发对自然资源影响最低要求为控制红线，解决矿产开发与环境的矛盾

建议区域在参考地形、地质条件和地形高度比差等基础上，结合区域自然保护影响控制，设立区域性开发控制红线，实行线上保护区，解决自然环境与矿产资源开发的矛盾。

5. 大力发展环境友好型战略资源

大力发展环境友好型战略资源，特别是非金属矿产资源。建立以环保、材料为方向的尾矿等废弃物综合利用的应用拓展。

6. 培训矿业人才，脱贫致富

根据秦巴山脉区域已有矿业人员结构密集的特点，结合"一带一路"倡议，建立矿业人才再培训基地，形成具有一定专业技能的稳定的矿业人才队伍，实现服务全球的理念，同时保证脱贫成果。

5.1.3　对可替代、产能过剩的矿种建议退出开发

1. 城市建筑垃圾综合利用替代钢材、水泥、砂石等建材

秦巴山脉区域矿产资源大部分用于建材、水泥，其年产值约为2 000亿元，为中西部地区城市的发展提供了重要的物资资源，但因其用量大，对植被和环境的破坏更加严重，随着城市的基础建设发展和城中村改造，以及城市建筑垃圾产量的大量增加，土地被占用面积也逐渐加大，大多数建筑垃圾或被露天堆放，或被填埋，侵占了大量土地。建筑垃圾经过日晒雨淋，有害物质、重金属元素不仅会进入土壤造成污染，也会对空气、水域带来污染，还会破坏市容，恶化城市环境卫生。对建筑垃圾进行再处理使其变成建材，再次回归城市建设的大循环之中，实现资源再生和综合利用，替代钢材、水泥产品，减少建材矿产资源开发，并逐步实现行业退出[29]。

对建筑垃圾的组分和产量进行分析发现，建筑垃圾中许多废弃物经分拣、剔除或粉碎后，大多可以被作为再生资源重新利用，如废钢筋、废铁丝、废电线和各种废钢配件等，经分拣、集中、重新回炉后可以用于再加工制造成各种规格的钢材；废竹木材可以用于制造人造木材；砖、石、混凝土等废料经破碎后可以替代沙、石，用于砌筑砂浆，还可以用于制作砌块、铺道砖、花格砖等建材制品。

经破碎筛选出的不同粒径的骨料，部分骨料可直接被添加到商品混凝土水泥中取代10%~30%的天然石子，部分骨料可被直接充当沙子用于干粉砂浆，有的

可被直接用于路基铺垫。从实例来看，有85%的建筑垃圾经综合处置后可生成可再生建筑材料，重新被用于城市建设[30]。

经过几年的不懈努力，陕西建新环保科技发展有限公司生产的再生砌块、再生透水砖，已被大量使用于西安市高新区、沣东新城等工程。

2. 加大石墨烯电池高端研究，减少铅资源开发

世界铅消费主要集中在铅酸蓄电池。2009年，美国、日本和我国的铅酸蓄电池耗铅量所占比例分别达到86%、86%和81.4%[31]。基于环保的要求，其他领域中铅的消费都比较低。原生铅冶炼污染一直是我国铅冶炼的老大难问题。烧结焙烧鼓风炉还原熔炼的传统火法炼铅流程是一种成熟的炼铅方法。然而该方法产出的烟气中二氧化硫浓度低，不易回收，因而会对大气造成严重污染；冶炼过程中含铅逸出物也会造成对生产环境和大气的污染。尽管采取了一系列环保措施，效果并不理想，烟囱依然向外排放大量的铅尘浓烟。例如，2009年陕西宝鸡凤翔东岭铅锌冶炼厂的血铅污染[32]。新兴的石墨烯电池环保、节能、效率高，势必代替铅资源开发的规模和进度。

3. 开发页岩气资源，降低煤炭消耗

秦巴山脉四川片区页岩气资源丰富，约为27.50万亿立方米，占全国134万亿立方米资源量的20.52%，四川省页岩气可采资源量可达4.42万亿立方米，占全国25万亿立方米可采资源量的17.68%，资源量和可采资源量均位居全国第一[33]。现正在勘查的范围已扩展至陕西的安康、汉中南部区域，预期前景乐观。开发的页岩气资源可替代煤炭资源，以减少污染。

4. 加大矿业信息建设和投入

企业之间存在严重的信息不对称，当企业看到未来的市场需求较好从而进行投资时，从单个企业的角度看是理性的，但是由于企业之间的信息不对称，有可能所有企业投资生产能力的总和超过未来市场的需求。矿业尤其是建材行业，很大程度都在当地生产和销售。秦巴山脉区域隶属不同的行政区域，矿业开发信息沟通滞后，规划不统一，是导致投资建设无序的重要原因之一。因此，加大秦巴山脉区域矿业信息建设和共享，实行统一规划标准和产业整合措施，严控企业数量和产量，以防止盲目投资，消除产能过剩。

5. 利用市场规律，实时调整企业准入和退出标准

在当前全球经济放缓情况下，各地政府部门应响应国家产业升级口号，利用市场规律，调整企业准入和退出标准，提高环保、能耗、安全标准，促使企业技

术改造，实现良性的市场淘汰，对环保、能耗、安全生产达不到标准，生产不合格或淘汰类钢铁产能，要依法、依规、有序使其关停退出。在此过程中，要处置一批"僵尸"企业和扭亏无望的亏损企业。

6. 提倡技术创新，提高质量，减少数量

积极倡导技术创新，实现产品质量提升，降低初级矿产品产量，提高产品附加值是符合国家产业政策和化解产能过剩的重要渠道。

相关资料表明，在钢材产品中添加钒，使用钒氮合金化技术生产的新三级钢筋的强度提高，不仅增强建筑物的安全性、抗震性，而且还可以比使用二级钢筋节省10%~15%的钢材。仅此一项，我国每年就可少用钢筋约750万吨，相应少开采铁精矿约1 240万吨，节约煤炭660万吨，节约相关辅助原料330万吨，同时大量减少二氧化碳和二氧化硫等废气的排放，可取得资源节约和环境保护的双重效益。

随着粉煤灰活性技术研究的深入，混凝土料中已用粉煤灰替代水泥。粉煤灰是火力发电厂燃煤产生的固体废弃物，在过去，它曾是毫无利用价值的污染物，在新技术的推动下，它被掺进混凝土中作为水泥的优良替代品。活化粉煤灰可以在水泥中替代熟料量40%以上，活化粉煤灰掺入混凝土中生产高性能混凝土可以替代水泥量30%以上。燃烧1吨煤就能产生250~300千克粉煤灰。目前，国内粉煤灰的利用率仅为10%~20%，由于各地煤质及电厂锅炉燃烧情况不尽相同，各地粉煤灰品质差异较大，总体而言，粉煤灰综合利用水平与发达国家相比差距较大。因此，在充分利用粉煤灰部分替代水泥方面还有很大的空间值得我们去探索和实践。

应用高效混凝土外加剂，降低水泥用量。特别是高效减水剂的使用，可以极大降低水泥用量，减小水化热，提高建筑质量。相关研究表明，原来使用的一个C30的配合比，每立方米商品混凝土水泥用量为400千克，用水量为200千克，水灰比为0.5，坍落度为100毫米，现在按水泥量加入0.6%的高效减水剂，在保持水灰比为0.5和坍落度为100毫米的同等技术条件下，用水量降为160千克，水泥用量降为320千克，每立方米商品混凝土可节约水泥80千克，且大大降低了商品混凝土的水化热指数[34]。

5.2　秦巴山脉区域矿产资源勘查区划

5.2.1　秦巴山脉区域找矿潜力及勘查方向

1. 找矿勘探与开发潜力

依据秦巴山脉矿产成矿背景条件、矿种重要程度（优势矿种、劣势矿种）、勘查开发现状及环境保护等自然条件，将秦巴山脉区域矿产资源集中分布区划分为43个，涉及的重点勘查矿种有天然气、页岩气、钼、铜、铅锌、汞、锑、镍、金、银等，兼顾钴、锡等共伴生矿产。

秦巴山脉矿产有利区见表3-5-1。

表3-5-1　秦巴山脉区域矿产有利区

省（区、市）	矿区	矿种
陕西	金堆城特大型钼矿床	钼，伴生铜
	旬阳汞锑矿带	汞锑，可综合回收铅、银、锌、硒、碲等元素
	柞水县银洞子特大型银矿床	银，共生、伴生铜、铅、锌等近十种有益金属
	凤县—太白金铅锌铜多金属矿集区	金、铅锌、铜
	勉略宁金铜镍多金属矿集区	金、铜、镍
	小秦岭金钼铅矿集区	金、钼、铅
	北秦岭铅锌锑矿集区	铅锌、锑
	山柞—镇旬金银铅锌汞锑矿集区	金、银、铅锌、汞、锑
	板沙金钼钨多金属成矿区	金、钼、钨
	石泉—安康—平利铜钼金成矿区	铜、钼、金
	扬子板块西北缘铅锌铜成矿区	铅锌、铜
湖北	神农架冰洞山铅锌矿勘查	铅锌
河南	豫西伏牛山钼金银铅锌成矿区	钼、金、银、铅锌
	小秦岭金矿田深部	金矿
	熊耳山—外方山金钼矿成矿区深部	金、钼
	三门峡—郑州—平顶山煤、铝土矿成矿区	煤、铝土矿
四川	良中—平昌油气成矿带	油气
	达州—宣汉—万源油气成矿带	油气
	万州—云阳油气成矿带	油气
	巫溪—奉节页岩气成矿带	页岩气
	川北—江油天然气成矿带	天然气
	江油—梓潼天然气成矿带	天然气
	剑阁—苍溪天然气成矿带	天然气
	厚坝铀砂岩成矿带	砂岩
	川西北地区	锰、铜、铅、锌、锡、金、银等为主
	四川盆地西缘铜矿和铅锌矿	铜、铅、锌
	马边—雷波地区的磷矿	磷矿
甘肃	冶力关—厂坝—两当县北部铅锌金钨铜重点勘查区	铅锌、金、钨、铜
	岷县—崖湾金汞锑重点勘查区	金、汞、锑

续表

省（区、市）	矿区	矿种
甘肃	迭部—武都—礼县铅锌金银铜重点勘查区	铅、锌、金、银、铜
	文县—康县金锰重点勘查区	金、锰
	华窑山—白山堂铜钨锡多金属区	铜、钨、锡
	土房地区铜钨矿区	铜、钨
	中寨乡—大河坝地区金锑汞矿区	金、锑、汞
	岷县地区铅锌矿区	铅锌
	官亭—平洛地区金汞锑矿区	金、汞、锑
	尖尼地区铅锌金矿区	铅锌、金
	巴藏地区铜金锌矿区	铜、金、锌
	泥阳镇地区铅锌汞矿区	铅锌、汞
	堡子坝地区锰金铅锌矿区	锰、金、铅锌
重庆	城口锰钡矿业经济区	毒重石（钡）、锰
	云阳—开州粉石英煤矿经济区	粉石英、煤
	巫山—奉节铁煤矿业经济区	铁、煤

2.勘查开发方向

优先选择对国家或省域经济具有重要战略意义，对资源安全及经济社会可持续发展有重要影响和制约作用的能源矿产和非能源重要矿产资源部署勘查工作。根据矿产资源赋存特点、勘查程度、资源储量规模、开发利用现状、技术经济条件和矿山环境保护等影响因素，按照科学布局、优化结构、规模开发的要求，重点对重要成矿区带、重点矿区和大中型矿产地，同时兼顾其他地区的地质找矿工作，划定勘查基地。

根据秦巴山脉区域的资源情况及矿产资源在我国的重要程度，结合秦巴山脉区域绿色循环发展战略研究，在注重环境保护前提下，本着"广勘探、多储备、慎开发"的原则，考虑矿业规模化布局、园区化开发需要，依托现役矿区的有利条件"就矿找矿"，提高单位面积的资源量。建议政府在秦巴山脉区域布局陕豫小秦岭、陕陇、川渝（陕）、陕渝四大重要矿产勘查基地。

1）陕豫小秦岭钼钨金矿产勘查开发基地

该基地包括陕西省蓝田清峪—华州区金堆城—洛南黄龙铺钼钨多金属勘查开发区和河南栾川马圈—三道庄—南泥湖钼勘查开发区，面积1 565平方千米，主要矿种为钼、钨、金。相关数据统计发现，秦巴山脉河南栾川至陕西华州区秦岭地区探明钼矿资源储量达到400多万吨（表3-5-2）。

表3-5-2　陕豫小秦岭钼钨金矿产勘查开发基地勘查开发区矿产特征

勘查开发区	矿种	探明金属储量/万吨	备注
栾川马圈—三道庄—南泥湖钼矿	钼	206	特大型，储量占全国钼储量30%
金堆城钼矿	钼，伴生铼	102	
河南汝阳东沟钼矿	钼，伴生磁铁矿	70	磁铁矿1 321万吨
华州区金堆城—洛南黄龙铺深部及外围钼钨多金属矿	钼	40	
华州区西沟钼矿	钼	10	
宁陕县新铺—桃子沟钼钨多金属矿	钼、钨	钼5、钨1	
宁陕县大西沟—镇安东阳钨钼矿	钼、钨	钼5、钨5	

（1）栾川马圈—三道庄—南泥湖钼矿勘查开发区，主要分布在栾川的冷水镇、赤土店镇、石庙镇、陶湾镇，主体矿区由马圈矿区、南泥湖矿区、上房沟矿区三大骨干矿区构成，矿区矿体金属总储量达206万吨，居亚洲第一位，世界第三位，是我国境内的特大型钼矿田。河南省钼矿资源最为丰富，钼储量占全国总储量的30%。

（2）金堆城钼矿勘查开发区，已探明钼资源量102万吨，伴生铼矿。

（3）河南汝阳东沟钼矿勘查开发区，矿床储量达70万吨；矿石品位高，选矿指标可达国际特级品标准；矿体稳定，平均厚度达148.49米；水文地质、工程地质条件简单，水、电、路条件较好，极适宜于露天开采。该勘查区与钼矿相伴生的还有磁铁矿，储量达1 321万吨，相当于一个中型铁矿规模，可综合回收利用。

（4）华州区金堆城—洛南黄龙铺深部及外围钼钨多金属矿勘查开发区，面积234平方千米，钼40万吨。

（5）华州区西沟钼矿勘查开发区，面积145平方千米，钼10万吨。

（6）宁陕县新铺—桃子沟钼钨多金属矿勘查开发区，面积264平方千米，钼5万吨，钨1万吨。

（7）宁陕县大西沟—镇安东阳钨钼矿勘查开发区，面积263平方千米，钼5万吨，钨5万吨。

2）陕陇铅锌金汞锑矿产勘查开发基地

该基地从宝鸡太白向西，包括凤县、甘肃陇南等部分地区，勘查面积2 200平方千米，铅锌探明资源量2 100万吨以上，占全国铅锌资源探明储量的31.2%，其黄金及铅锌资源优势突出，规模很大，已探明黄金资源量500吨以上。汞锑矿探明储量520万吨，金属储量15万吨，位居全国第三。勘查开发矿种主要为铅锌、金、汞锑（表3-5-3）。

表3-5-3　陕陇铅锌金汞锑矿产勘查开发基地勘查开发区矿产特征

勘查开发区	矿种	探明金属储量	代表性矿床	备注
甘肃西成铅锌金汞锑多金属矿带	铅锌	1 200万吨	阳山金矿、安家岔金矿床、小沟里金矿床	全国第二大铅锌矿带
	金	440吨	阳山金矿	全国第一大矿
	汞锑	15万吨	西和县汞锑矿	全国第三
陕西凤太铅锌金矿带	铅锌	900万吨	凤县铅铜山—东塘子、八方山—二里河	
	金	60吨	八卦庙、双王金矿床	

（1）甘肃西成铅锌金汞锑多金属矿勘查开发区。

甘肃西成铅锌金汞锑多金属矿勘查开发区位于甘肃省西和、成县地区，面积约1 200平方千米。其中，西成铅锌矿集区是我国重要的铅锌资源基地，分布有厂坝—李家沟特大型铅锌矿床1处，毕家山、邓家山、洛坝和尖崖沟4个大型铅锌矿床及若干个小型铅锌矿床，为现已探明的国内仅有的几个特大型矿田之一。西成矿田为全国第二大铅锌矿带，探明铅锌金属量为1 200万吨。

另外，该勘查开发区内已发现多处中小型金矿床（点），代表性矿床有安家岔金矿床和小沟里金矿床。其中，甘肃阳山金矿为我国最大金矿，初步探明金资源量为308吨。

该勘查开发区内发现的汞锑矿位于西和县，探明矿石储量520万吨，金属储量15万吨，位居全国第三。

（2）陕西凤太铅锌金勘查开发区。

陕西凤太铅锌金勘查开发区属凤太矿田，位于宝鸡凤县境内，面积约1 000平方千米。铅锌矿床最为丰富，已发现凤县铅铜山—东塘子、八方山—二里河、银母寺、银洞梁、峰崖等大中型矿床。该勘查开发区发现大中型金矿床多处，代表矿床有八卦庙、双王金矿床。该勘查开发区内铅锌、金找矿潜力较大，铅锌矿探明储量900万吨以上、金60吨。

3）川渝（陕）天然气—石油—页岩气矿产勘查开发基地

该基地位于四川广元市、达州市。秦巴山脉重庆、四川片区油气构造主要分布于龙门山前油气成矿带、米仓山前带及大巴山前带，向北延伸至陕西安康、汉中一带。

龙门山前油气成矿带主要有元坝、九龙山、射箭河、中坝等气田，以产气为特色，兼顾砂岩、页岩气等非常规油气勘探；可细分为四个预期成矿带，分别为川北—江油天然气成矿带、江油—梓潼天然气成矿带、剑阁—苍溪天然气成矿带、厚坝油砂岩成矿带。

米仓山—大巴山油气成矿带主要有龙岗、普光等大中型油气田，以天然气为特色，兼顾石油及页岩气勘探；可分为良中—平昌油气成矿带、达州—宣汉—万源油气成矿带、万州—云阳油气成矿带、巫溪—奉节页岩气成矿带。

代表性的天然气田有开江县五百梯、沙罐坪气田，宣汉县渡口河、普光气田，达州市铁山坡、毛坝、黄龙场、渡口河和罗家寨气田，绵阳市江油中坝气田和苍溪县九龙山气田。天然气储量已探明6 600亿立方米，远景储量3.8万亿立方米。

页岩气资源方面，重庆涪陵页岩气田焦石坝区块新增探明储量2 739亿立方米，成为除北美之外的全球第二大页岩气田。

4）陕渝钡锰矿产勘查开发基地

该基地分布于陕西的汉中西乡、紫阳、宁强、镇巴和四川的城口等县（市），主要矿种为锰、钡，有中型、小型锰矿区7处，保有锰矿储量2 402万吨。主要锰矿有汉中天台山锰矿，储量813万吨；宁强黎家营锰矿，储量220万吨；屈家山锰矿306万吨；城口高燕锰矿，储量1 085万吨。屈家山锰矿是巴山中带产出的典型矿床。

截至2013年，城口县锰钡矿区面积867平方千米，有锰、毒重石中型矿床5处，有矿山企业29家，矿业总产值2.48亿元，占重庆市总产值的2.55%。锰资源储量4 096万吨，钡1 472万吨。加大锰、毒重石矿深加工产品的研发力度，推进锰工业、钡化工基地的建设，可以促进贫矿地区的经济发展。

5.3 秦巴山脉区域尾矿综合化利用与绿色矿山建设

5.3.1 秦巴山脉区域尾矿库利用方式及应用方向

1. 尾矿传统处理方法

尾矿无害化处理是目前世界各国采取的传统处理方法，为防止废石和尾矿受水冲刷和被风吹扬而污染环境，一般采用下列传统处理法。

（1）物理法。向细粒尾矿喷水，覆盖石灰和泥土，用树皮、稻草覆盖顶部。秦巴山脉区域大部分尾矿库采用该方法处理尾矿。

（2）植物法。在废石或尾矿堆场上栽种永久性植物。

（3）化学法。利用可与尾矿化合的化学反应剂（水泥、石灰、硅酸钠等），在尾矿表面形成固结硬壳。该方法成本较高，有的尾矿常同砂层交错，化学反应剂难以选择。

（4）土地复原法。在开采后被破坏的土地上，回填废石、尾矿，沉降稳定后，加以平整、覆盖土壤，可以栽种植物或建造房屋。

2.尾矿化学处理与综合利用技术研究

随着科学技术的迅速发展，近年来国内外诸多学者对尾矿进行了系统而深入的矿物学研究，揭示了尾矿矿物分解和形成规律、水-气-矿物反应的机制，提出一些尾矿处理的新方法、新工艺。由此，传统概念的矿山尾矿固体废料治理，已从消极的环保治理转变为积极的资源化治理。

过去受传统思想认识和技术条件的限制，对于尾矿中金属和有用组分，矿山选矿回收率不高，矿产综合利用程度不足。现已堆存甚至正在排出的尾矿中含有丰富的有用元素。回收其中的有用物质和伴生元素是对尾矿综合利用的最直接的方法。

3.利用尾矿生产建筑材料

（1）尾矿用做铺路材料、黄沙替代品等。铺路材料、黄沙替代品等是最基本的建筑材料，对化学成分没有严格要求，只要求材料有一定的硬度和粒度。铺路用的黄沙一般用量较大，可以弥补价格较低的缺点，同时无须再加工。另外，大量出售铺路用的黄沙，可以解决尾矿堆场紧张的困难。安康工业园利用矿渣和工业废渣生产水泥和其他新型建筑材料，发展新型建材产业。

（2）尾矿用于制砖。由于实心黏土砖需要使用大量的黏土，不仅破坏环境，也减少有限的耕地，国家制定法规限制生产使用实心黏土砖。例如，固体废弃物处理与资源化教育部重点实验室曾对四川某铜矿选别尾矿的矿物成分、粒度及其分布进行分析，结果表明该尾矿的矿物成分主要是石英、钠长石，粒度集中分布在40~140目。该实验室以该尾矿做骨料，以适量水泥做胶结料，以石灰做激发剂，分别加入混凝土发泡剂和废弃聚苯泡沫粒做预孔剂，通过浇筑和捣实成型养护等工艺制备了轻质免烧砖。

（3）尾矿用于生产水泥和混凝土。尾矿用于生产水泥，是利用尾矿中的某些微量元素会影响熟料的形成和矿物的组成。目前，国内外对利用尾矿煅烧水泥的研究主要是使用铅锌尾矿和铜尾矿，这两种尾矿不仅可以代替部分水泥原料，而且还能起矿化作用，有效地提高熟料产量和质量，以及降低煤耗。

（4）尾矿用来制玻化砖、微晶玻璃及陶瓷。20世纪90年代以来，国内开始进行利用尾矿制取玻化砖及微晶玻璃、陶瓷等的研究。玻化砖是将尾矿加适量黏土后，经喷雾干燥、压制成型、高温烧成，供地面、墙面装饰用；微晶玻璃或陶瓷以二氧化硅成分为主，尾矿可掺入15%~50%的二氧化硅，加上碎玻璃，二氧化硅可达80%~90%，经过熔化、水淬、升温晶化后成为玻璃相和结晶相的复合多晶陶瓷，可代替天然花岗岩做高级装饰材料。陕西凤县铅锌尾砂中除含有少量的金、银等贵金属外，二氧化硅和氧化钙的含量分别为27.05%、24.25%，且细度为200目左右，是制造微晶板材的理想原料。洛南县已建成利用钼尾矿生产微晶玻璃、釉面砖的制造企业。河南省某矿业有限公司钼矿生产线每日产生尾矿砂近千吨，经过对该矿砂样进行选矿试验研究，其产品中100~600微米粒级精砂可达到我国建材行业标准《平板玻璃用硅质原料》标准Ⅰ类二级品要求；可提供给玻璃、玻纤工业作为主要原料及陶瓷工业辅助原料；45~600微米粒级精砂可提供给水泥工业作为辅助原料。

（5）尾矿生产化肥及土壤改良剂。尾矿中往往含有锌、锰、钼、钒、硼、铁等微量元素，这些微量元素是维持植物生长和发育所必需的元素。利用尾矿中的这些元素可以生产各种微量元素肥料：对含有钙矿物的尾矿，可用做土壤改良剂施于酸性土壤；对于含有钙、镁和硅的氧化物尾矿，可用做农业肥料对酸性土壤进行钙化；将某些钼矿的尾矿作为微量元素肥料施于缺钼的土壤，既有利于农业增产，又有利于降低发病率。

（6）尾矿用做井下填充物。矿山采空区的回填是直接利用尾矿的最行之有效的途径之一。一般每采1吨矿石需要回填0.25~0.40立方米废石。陕西煎茶岭尾矿用于采空区填充，经过多年研究，已经取得实质性进展，并用于生产实践。

（7）利用尾矿复垦植被及建立生态区。矿区土地复垦已经成为矿山环境综合治理的一项重要技术，国外对矿山环境治理中土地复垦技术的研究主要是基于生态恢复技术手段的研究与实践，多涉及植被恢复、土地复垦中矿山排放物中的有毒物质处理、土地复垦后植物生长机理等方面，侧重矿山生态系统恢复的研究。目前，德国、加拿大、美国、俄罗斯、澳大利亚等国家矿山的土地复垦率达80%。

5.3.2　秦巴山脉区域矿山地质环境保护与恢复治理建议

秦巴山脉处于多个省（区、市）的交界处，这些地区大多属于经济贫困地区。在西部大开发中，秦巴山脉各地市之间合作越来越多。解决地区日益严重的生态问题是地区经济发展的必经之路，同时，合理开发地区自然资源，发展生态经济，可实现地区经济发展与生态建设双赢。本书建议如下。

1. 加强矿山地质环境保护

严格矿产资源开发利用的环境保护准入管理；加强对生产矿山地质环境保护的监督管理；加强矿山地质环境调查与监测。

2. 加快矿山地质环境治理恢复

明确矿山地质环境治理恢复工作责任；实行矿山地质环境治理恢复分类管理；实施矿山地质环境治理恢复重点项目。

3. 积极推进矿区土地复垦

严格矿产资源开发利用的土地复垦准入管理；积极开展矿区废弃地复垦；实施矿区土地复垦重点项目；实施矿山地质环境恢复重点治理工程；加强矿山地质环境保护。

5.3.3 区域绿色矿山建设

1. 发展绿色矿业、建设绿色矿山的意义、目标及现状

发展绿色矿业、建设绿色矿山是实现青山绿水与经济发展、推动经济发展方式转变的必然选择。我国转变经济发展方式必须通过开源节流、高效利用、创新机制，改变矿业发展方式，推动矿业经济发展向主要依靠提高资源利用效率转变。发展绿色矿业、建设绿色矿山，以资源合理利用、节能减排、保护生态环境和促进矿地和谐为主要目标，以开采方式科学化、资源利用高效化、企业管理规范化、生产工艺环保化、矿山环境生态化为基本要求，实现单位环境影响与经济发展的合理比例。落实企业责任，加强行业自律，是保证矿业健康发展的重要手段。企业应不断加强科技创新，将高效利用资源、保护环境、促进矿地和谐发展作为发展动力，自觉承担企业责任。

2010年8月，国土资源部制定了《国土资源部关于贯彻落实全国矿产资源规划发展绿色矿业建设绿色矿山工作的指导意见》，进一步明确了绿色矿山建设的重要意义、建设思路、原则与目标，并给出了国家级绿色矿山的基本条件。2014年4月，陕西省出台了《陕西省绿色和谐矿山示范区建设试点工作方案》，对绿色和谐矿山建设提出10方面要求，包括依法办矿、规范管理、科技创新、环境保护、综合利用矿山复绿、社会贡献、矿群关系等内容[34]。

"十二五"期间，国土资源部选择661家矿山作为试点，推进油气矿产高效开发、煤炭绿色开采、金属矿产伴生资源高效综合利用、化工和非金属矿山环境保护，树立了一批典型，在社会上产生了积极的影响，已成为转变矿业发展方式，提升矿业形象，改善民生，加强生态保护，促进社会和谐的重要平台，以及矿山企业规范运营、转型升级、融资上市、走出海外的绿色标签。

截至2015年底，661家矿山企业成为国家级绿色矿山试点单位，分布在全国29个省（区、市），其中能源类矿山236家，冶金类101家，有色类131家，黄金72家，化工类43家，非金属及建材78家[35]。

发展绿色矿业建设绿色矿山的目标是力争1~3年完成一批示范试点矿山建设工作，建立完善的绿色矿山标准体系和管理制度，研究形成配套绿色矿山建设的

激励政策。到2020年，全国绿色矿山格局基本形成，大中型矿山基本达到绿色矿山标准，小型矿山企业按照绿色矿山条件严格规范管理。资源集约节约利用水平显著提高，矿山环境得到有效保护，矿区土地复垦水平全面提升，矿山企业与地方和谐发展[34]。

2. 绿色矿山建设存在的主要问题

绿色矿山建设不同程度上存在资源利用粗放、管理不规范、布局结构不合理、装备技术落后、产业集中度低、生态环境保护薄弱等问题和现象，资源消耗和环境代价过大，矿山地质灾害和环境问题存在重大隐患；制度标准体系有待完善，配套政策措施不足，监管力度不够，不少矿山企业基础差等[36]，具体包括以下几个方面。

1）政府重视，企业积极性有待提高

国家对绿色矿山建设非常重视，出台了一系列法规和政策，取得了丰硕的成果，但最主要的问题在于部分矿山企业的积极性不高。发展绿色矿业、建设绿色矿山的关键在于充分调动矿山企业的积极性。只有充分调动矿山企业的积极性和主动性，提升矿产资源开发水平，不断改善生态环境与和谐社区关系，才能真正实现绿色矿山建设目标。部分矿山企业片面注重经济效益，而轻视社会和环境效益是其积极性不高的根本原因。部分矿山企业缺乏行业自律意识，不能将绿色矿山建设的外在要求转化为企业发展的内在动力，不能自觉承担并履行资源环境社会责任。部分矿山企业缺乏品牌意识，没有意识到提升企业的社会形象有利于得到社会公众和媒体认可。

2）行业差距大、发展不平衡

建材非金属矿行业绿色矿山建设工作与煤炭、金属等行业相比差距较大。从已经入选国家级绿色矿山试点单位的数量（截至2012年）来看，建材非金属矿行业仅33家，占全国459家试点单位的7.19%，在各矿种行业中最少。非金属矿山涵盖的矿种少，仅局限于石灰岩、萤石等少数矿种，许多非金属矿产尚无企业申报点，申报单位国企占90%以上，而占大多数的中小企业绿色矿山建设滞后[37]。

3）激励和约束政策有待完善，保证金制度执行有待提高

目前，我国现有绿色矿山鼓励政策有财政专项资金支持政策、资源配置倾斜政策、相关税费减免政策。鼓励绿色矿山建设的财政专项资金主要有危机矿山接替资源找矿专项、矿山地质环境恢复专项和矿产资源节约与综合利用专项[38]。鼓励绿色矿山建设的资源配置倾斜政策具体包括：对绿色矿山企业优先配置矿业权；涉及开采总量控制的矿种，在开采总量和矿业权投放上给予倾斜；在矿业建设用地指标上给予倾斜支持[39]。相关税费减免政策主要是落实与矿山企业资源环境责任相关的税收优惠政策。从绿色矿山基本条件的九个方面来看，给予税收

减免的主要有技术创新、综合利用和节能减排。财政专项支持与资源配置政策缺乏直接对责任行为和建设过程的激励；相关税费减免政策存在增值税优惠范围较小，所得税优惠力度不大等问题。对技术创新的鼓励方式较为单一；对矿山企业缺乏针对性；等等。同时，尚未出台约束政策可以淘汰绿色矿山考核不达标的企业，导致部分矿山企业缺乏积极性。矿山生态环境恢复治理保证金制度执行情况有待提高，部分企业不能及时足额缴纳保证金，这严重影响了生态环境恢复治理的工作。部分地方尚存在保证金不能专款专用的情况[37]。

4）建设标准不细、不全

建设标准不能涵盖不同类型和规模的矿山企业。为了促进绿色矿山建设，中国矿业联合会推出《绿色矿业公约》，国土资源部也于2010年制定了《国家级绿色矿山基本条件》，均提出绿色矿山建设的基本条件，但这些条件相对笼统，可操作性较差，难以涵盖不同类型、不同规模及不同阶段的矿山。同时，尚未形成比较完整的、适宜的绿色矿山评价指标体系，不能很好地考核绿色矿山建设水平，不能有效指导绿色矿山建设[38]。

5）侧重生态环境，轻视资源利用和企社和谐

绿色矿山建设是一项复杂的系统工程，包含资源合理开发利用、节能减排、环境保护、生态修复、矿地和谐等丰富内涵[39]。部分矿山企业对绿色矿山内涵的理解存在偏差，在建设过程中侧重于生态环境建设，注重矿山生态环境恢复治理工作，重视矿区土地复垦和矿区绿化工作，忽视资源的合理开发利用，不重视节约资源、保护资源，不注重大力开展矿产资源综合利用。同时，部分矿山企业在和谐矿区建设方面存在偏差，不重视履行矿山企业社会责任，不重视树立良好的企业形象。矿山企业在生产过程中，没有及时调整影响社区和谐的生产作业，损害公共利益的事件时有发生；没有创建符合企业特点和推进实现企业发展战略目标的企业文化，企业职工文明建设和职工技术培训体系均有待完善[40]。

3.绿色矿山建议

绿色矿山建设是一项复杂的系统工程，走绿色矿业发展之路势在必行，而建设绿色矿山则尤其重要[41]。绿色矿山以保护生态环境、降低资源消耗、追求可循环经济为目标，将绿色生态的理念与实践贯穿于矿产资源开发利用的全过程（矿山勘探、规划与设计、矿山开发、闭坑设计），体现对自然原生态的尊重，对矿产资源的珍惜，对景观生态的保护与重建，它着力于科学、低耗和高效合理开发利用矿产资源，并尽量减少资源储量的消耗，降低开采成本，实现资源效能的最佳化，从本质上讲，绿色矿山是循环经济的先行者[42]。绿色矿业、绿色矿山的发展应从以下几个方面探索。

（1）重点研究矿产资源开发与环境保护的协调发展。资源综合利用、发展

循环经济是通过绿色矿业理念的执行、科技创新与矿产资源开发结构调整，以及矿山企业的体制、机制变化，以矿山企业为主体，提高认识，实现绿色矿业、建设绿色矿山的工作，发挥整体综合优势的实力和作用[43]。

（2）提高科技创新能力，推动行业领域技术发展。强化矿山与设备制造企业、科研院所联合攻关，积极开展科技创新和技术革新，不断改进和优化工艺流程，淘汰落后工艺与产能，推广应用先进技术和工艺，特别是共（伴）生矿、低品位矿和难选冶矿、尾矿等的综合利用，以及"三率"指标超过国家规定标准的技术[44]。开展环境矿物学研究与应用，控制含重金属矿物氧化分解扩散污染，以及钝化、固化对环境影响的成分。

（3）将绿色环保贯穿于矿产资源开发的全过程。矿山企业要认真履行社会责任，制定切实可行的绿色矿山建设规划，合理开发、高效利用、注重保护，最大限度减少资源开发活动对周边地区的环境影响和破坏，推进土地复垦，切实保护耕地，树立良好的企业形象，将"开发一方资源，造福一方百姓"作为构建绿色矿山的核心，并融入企业文化建设当中，促进经济、环境和社会效益相协调[45]。

5.3.4　绿色矿业发展经济示范区

国家发展和改革委员会于2015年制定的《2015年循环经济推进计划》，提出大力推行绿色开采，以提高矿产资源"三率"为目标，大力推进资源的综合利用，培育和推进综合利用示范基地建设，并适时出台各地区的绿色矿山建设标准，构建绿色矿业发展长效机制。

对于绿色矿业发展示范区建设，政府相关部门和矿山企业应多方联动，认真分析面临的形势及需重点解决的问题，明确总体方向，有目标、有组织地有序推进，使示范区建设步入快速、健康发展的良性轨道。要使示范区在高效利用资源、技术创新、节能减排、环境重建、促进地方经济社会发展和矿区和谐等方面起到引领和带头作用，实现资源效益、生态效益、经济效益和社会效益的有机统一。有关部门应及时总结示范区的经验和模式，并加以提炼，以点带面，营造氛围，让其成为可以复制的模式，并向秦巴山脉区域推广[46]。

秦巴山脉区域现有的绿色矿业发展示范区包括：凤太矿田铅锌矿区、山阳龙头沟—夏家店金矿区、方山口钒磷铀（稀土）资源综合利用与保护示范工程、西秦岭地区高砷低品位难选冶金综合利用技术示范工程、天水市低品位金矿综合利用与地质环境治理示范工程、窑街煤矿区煤综合利用示范工程、红沙岗矿区煤矸石、油页岩综合利用工程等、城口锰钡矿业经济区（大巴山毒重石钡化工业基地、高燕锰工业基地）、云阳—开州粉石英煤矿经济区、巫山—奉节铁煤矿业经济区。

5.4   秦巴山脉区域矿产资源绿色开发技术措施及建议

（1）鼓励秦巴山脉区域内外相关科研单位，针对秦巴山脉特殊的自然地理特征、水资源控制、地质条件复杂、人文和自然资源丰富等，开展山区脆弱自然环境下的矿山开采全方位科研攻关，实现矿产资源蓝色开发规划、绿色无废（充填）开采，达到"弱扰动、不扩大、控灾害"的目的。

（2）开展秦巴山脉区域脆弱生态环境下的选矿技术攻关，提高资源利用水平。不仅要考虑金属矿产高效回收和共（伴）生组分的利用，也要综合考虑非金属资源的开发研究，控制金属离子、药剂对周边环境的影响，以及研究出现环境影响的消除途径，探索环境敏感地区资源分选的新模式。按照"再勘查、减量化、再利用、资源化"的原则，加快推动"三废"利用步伐，提高"三废"资源化总体水平。

（3）加强技术引导，通过技术突破，及时发布矿产资源节约与综合利用鼓励、限制、淘汰技术目录，积极推广应用安全环保、节约高效的绿色开发工艺和设备。

（4）开展尾矿资源的再开发。探索现有尾矿的利用方式和途径，同时对已闭库的尾矿进行研究，探索建筑等综合利用的可能性。

（5）以秦巴山脉区域为基地开展山区采矿空间的综合开发与利用的探索。结合采矿工程长条状的特点，对矿山主要空间系统稳定性和再利用可行性进行研究，探索现有矿山工程在战略物资储备（库）、地热开发、抽水蓄能电站、工业旅游等方面的开发；对初期开发和规划开发矿山，探索在矿山规划建设时综合旅游、空间利用的研究。

（6）开展现役矿山因环境、稀缺资源保护、国际市场等因素而合理或被迫停产后的保护生产措施研究，在采取最小投入下保证需要时矿山能够及时快速恢复生产能力，真正做到"积极勘探，藏矿于地，藏技于山""停得住，护得好，开得来"。

5.5   秦巴山脉区域矿产资源绿色开发规划建议

1. 加大秦巴山脉区域矿业信息建设，统一规划标准

秦巴山脉区域隶属不同的行政区域，矿业开发信息沟通滞后，规划不统一，是导致投资建设无序的重要原因之一。因此，加大秦巴山脉区域矿业信息建设和共享，实行统一规划标准和产业整合措施，防止盲目投资、严控企业数量和产量，消除产能过剩。

2. 建立环境保护长效控制与激励机制，人类发展与自然和谐共赢

政府发挥引导和监督作用，加强控制对环境和社会发展有影响的工艺和矿业开发模式，对有重金属离子易扩散矿种的开采应有严格的措施和技术支持，否则一律关停，同时制定好保护措施。对不断加大研发力度、采用技术先进、环境友好、综合利用效果好的企业，采取减免税费甚至奖励，实现人类发展与自然和谐共赢。

3. 建立绿色循环矿业开发示范区、产业园区

针对秦巴山脉矿产开发规律，探索环境脆弱与敏感地区的矿产开发与地质灾害防控、尾矿库安全、水体污染源等综合消除与治理新模式。

秦巴山脉区域内主要的矿集区分布于省（区、市）交界区域，导致同矿种、同矿带矿产分省（区、市）、分区开采，特别是陕豫金钼、陕甘铅锌金、陕渝锰钡等主要矿集区。有关部门需要在近5~10年内对矿集区进行总体开发布局规划和技术升级。依据矿产资源目前的勘查程度、国民经济发展急需程度、有利成矿带、矿业开发对地方经济的影响度、矿业开发对旅游影响程度、矿业开发对水资源的影响程度及矿业开发引发的地质灾害对环境的影响程度，本着保护环境、经济可行、优势开发、集约化生产、绿色循环发展，打破行政界限，形成连片整体开发、资源优势互补促进的拥有产业核心竞争力的产业园区。建立陕甘金铅锌、豫陕钼金、川渝天然气—页岩气、渝陕钡锰等绿色循环矿业产业园区。

1）陕甘凤太—西成金—铅锌重点开发区

凤太—西成地区，即从宝鸡太白向西，包括凤县、甘肃西和、成县、文县等部分区域。该地区黄金及铅锌资源优势突出，规模很大，已探明黄金资源量500吨以上，其中甘肃阳山金矿为我国最大金矿。铅锌探明资源量2 000万吨以上，占全国铅锌资源探明储量的31.2%，主要分布在西成铅锌矿带上，为全国第二大铅锌矿带，探明铅锌金属量为1 200万吨。汞锑矿也具有很大规模，其中西和县探明储量520万吨，金属储量15万吨，位居全国第三。该地区资源量在全国占有较高比重，具有巨大的开发利用价值和资源战略意义。

凤太铅锌矿属陕西重要的矿产资源，产地有150多处，探明储量的产地有57处，主要分布在宝鸡、商洛及安康地区。累计探明铅锌资源储量900万吨，保有资源储量510.09万吨，占全国铅锌矿保有储量的2.3%，居全国第14位。陕西省矿产资源潜力评价预测500米以下铅金属资源量164万吨，锌金属资源量

1 051万吨，探明的资源量仅占潜在资源量的30%。风太盆地铅锌矿床最为丰富，已发现凤县铅铜山—东塘子、八方山—二里河、银母寺、银洞梁、峰崖等大中型矿床[23]。

秦巴山脉甘肃片区西成铅锌矿带为全国第二大铅锌矿带，主要分布在西成矿田的厂坝、毕家山等地及向西延伸部分。该矿带东西长85千米，南北宽7~22千米。据不完全统计，截至2013年底，该矿带累计探明铅锌金属储量1 200万吨以上，远景金属储量2 000万吨。成县、徽县、西和县是铅锌矿主要集聚地区。其中，大型矿床5处，包括厂坝、李家沟、邓家山、毕家山、洛坝等，中型矿床2处，包括尖崖沟、向阳山等[23]。

建议在秦巴山脉区域的凤太—西成矿带设立金—铅锌绿色循环矿业开发基地。随着我国人民生活的富裕，黄金也逐年成为大众消费的主要饰品，有着巨大的消费需求；黄金作为国家战略资源，也是国家财富的象征。在国家"一带一路"倡议的引领下，位于丝绸之路上的凤太—西成矿业基地，有着得天独厚的地理优势。作为国内五大铅锌基地之一，凤太—西成铅锌矿可以进一步被开发利用，不断延伸产业链，增加后续产业方向，为西北地区及丝绸之路上的国家和地区提供多样化金属产品。

西安和兰州作为秦巴山脉区域周边的重要城市，具有众多的高校和研发机构，有着强大的基础竞争力，可对初级矿业资源产品进行深加工。同时，陇海线经过小秦岭区域，交通极为便利。目前，该区域已经开始规模化开发，着手产业升级，不断延伸产业链。

2）豫陕小秦岭钼—金重点开发区

豫陕秦巴山脉区域有色金属及贵金属前景看好，其中有色金属主要产品为钼矿、钨矿、铅锌、铜矿、汞锑矿，贵金属主要为金、银。

目前国内钼产品主要出自该区域，如金堆城钼业、河南栾川钼业等，其产量位居全国之首，世界钼产量大部分也由该区域提供。据相关数据，豫陕秦巴山脉河南栾川至陕西华州区秦岭区域探明钼矿资源储量达到400万吨，约占全国保有资源量的10%，年处理矿石能力达到4 500万吨，伴生多种产量可观的有色金属，如铜、钨等。铜矿保有资源达到4 100万吨，其中河南镇平—灵宝—内乡约4 030万吨。铅锌矿资源也很充沛，秦巴山脉河南片区资源量约有3 980万吨，矿山57座。

该区域内的河南栾川钨钼铁资源综合利用示范基地、陕西省金堆城钼矿资源综合利用示范基地是2011年经国土资源行政主管部门、行业协会、有关中央企业论证推荐，经国土资源部、财政部审核并确定的首批40家矿产资源综合利用示范基地[47]。

黄金是该区域另一大金属，资源量及产量均位居全国前列，为全国第二大黄金生产基地，估计金资源量在1 000吨以上，银与黄金共生，银资源量有3 000吨以上，年生产矿石能力在800万吨。

该区域内的河南灵宝—卢氏矿集区金银多金属资源综合利用示范基地是国土资源部、财政部审核并确定的首批40家矿产资源综合利用示范基地之一[48]。河南小秦岭地区黄金矿山已开采30余年，高品位及易选金矿石资源已趋匮乏，矿山企业面临资源危机。灵宝—卢氏矿集区金银多金属资源综合利用示范基地主要矿石种类有低品位金矿石、钼矿石、硫铁矿（褐铁矿）石，通过示范基地建设，将充分利用低品位金矿石，提高资源供给能力，完善生产工艺，综合回收多金属资源，并采用先进的采选冶技术，提高资源利用率，延长矿山服务年限。

本书建议在该区域设立绿色循环矿业开发基地，此举意义重大，钼矿作为国家战略资源，由于技术等因素，开发利用水平不高，往往以初级产品销往国外，在国际市场上缺少价格话语权。黄金是国家实力的象征，具有更加重要的作用。作为国家第一大钼矿基地及第二大黄金资源基地，建议国家统筹做好系统规划和产业链布局，为资源的高校利用与绿色开发提供基础。

西安作为秦巴山脉区域周边重要城市之一，具有得天独厚的科研优势和各种高科技产业研发机构，在国内具有"智慧城市"的美誉，拥有40余所公办院校及多家科研机构，有着强大的核心竞争力，可对初级矿业资源产品进行深加工研究开发。同时，陇海线经过小秦岭区域，交通甚为便利。目前，该地区已成立了若干技术先进、设施完备、开发能力强大的企业，具有强大的开发能力和先进的技术，初步形成了一定的开发规模和产业集约化发展雏形。

3）川渝天然气—页岩气重点开发区

2011年国务院批准页岩气为新矿种以来，截至2015年，全国埋深4 500米以浅页岩气预估地质资源量122万亿立方米，可采资源量22万亿立方米。2011年国务院批准页岩气为新矿种以来，全国已探明地质储量5 441.3亿立方米[35]。在"十二五"期间探获的页岩气地质储量主要赋存于四川盆地的涪陵、长宁—威远气田。中生代、新生代陆相和晚古生代海陆过渡相页岩气勘察也取得了重大进展[35]。

秦巴山脉区域页岩气可采资源量可达4.42万亿立方米，占可采资源量的17.67%，资源量和可采资源量均居全国第一位。按当前的消耗水平，秦巴山脉区域页岩气可供使用约300年，经济价值不可估量，是秦巴山脉区域能源发展的重要引擎[23]。

国家目前已开始着手在相关地域建立国家级工业园区，筹备页岩气开发。页岩气前景看好，但是目前开发技术还处于初步开发利用状态，有待进一步提高，考虑四川及重庆作为我国西南地区的科研集聚地，未来开发基础力量雄厚，应该大力鼓励该地区页岩气的开发利用，以缓解目前能源结构及各种环境污染，实现绿色发展。

4）河南西峡地区镁橄榄石—红柱石—石墨矿重点开发区

秦巴山脉河南区域内非金属资源十分丰富，其中赋存于西峡境内的镁橄榄石储量为10亿吨，资源储量居亚洲前列；红柱石储量居全国之首；金红石储量达上亿吨，极具开发潜力；石墨是国内罕见的大型露天富矿。

5）陕西安康汞锑矿保护性重点开发区

汞锑矿系陕西省优势矿种，产地有18处，探明产地汞矿8处，锑矿8处，保有汞资源储量0.15万吨，锑资源储量2.75万吨，锑储量居全国前列，主要分布在安康和商洛地区。汞锑矿主要产于下泥盆统碳酸盐岩层和秦岭群中，矿体受断裂构造控制。陕西省矿产资源潜力评价预测500米以浅锑金属资源量11.14万吨，找矿潜力巨大[23]。

6）陕西山阳—商南钒矿次重点开发区

陕西省境内的山阳—商南钒矿资源丰富。截至2014年，钒矿保有储量340.7万吨，有矿山十余家，规模较大的为坐落于号称"中国钒都"的山阳县境内的永恒矿建矾矿、中村钒矿和千家坪钒矿，产能均为100万吨以上[23]。

7）重庆城口—陕西镇巴紫阳钡锰矿重点开发区

秦巴山脉重庆片区矿产资源丰富，钡锰矿更是其优势矿种。处于川陕鄂成矿带中段的城口钡锰成矿带，其毒重石矿产储量居亚洲之首，累计探明资源储量2 470万吨，储量大、质量优。重庆城口县是亚洲最大钡矿区；锰矿保有资源储量居全国第5位，累计探明资源储量3 256.4万吨。

本篇参考文献

[1] 鱼晓惠，周庆华，刘培丹. 秦巴山地区绿色循环发展现行政策体系分析[J]. 生态经济，2016，32（6）：129-133.

[2] 马秋红. 秦巴山区地层岩性与地质构造对地质灾害发育的控制作用[D]. 长安大学硕士学位论文，2011.

[3] 张国伟，董云鹏，姚安平. 秦岭造山带基本组成与结构及其构造演化[J]. 陕西地质，1997，（2）：1-14.

[4] 姚书振，周宗桂，吕新彪，等. 秦岭成矿带成矿特征和找矿方向[J]. 西北地质，2006，（2）：156-178.

[5] 杨宗让. 秦岭造山带大型矿集区成矿系统研究[D]. 长安大学博士学位论文，2012.

[6] 王宗起，闫全人，闫臻，等. 秦岭造山带主要大地构造单元的新划分[J]. 地质学报，2009，83（11）：1527-1546.

[7] 杨志华，姜常义，赵太平，等. 论秦岭造山带的成矿作用[J]. 西安工程学院学报，1999，21（4）：36-45.

[8] 裴先治，张维吉，王涛，等. 北秦岭造山带的地质特征及其构造演化[J]. 西北地质，1995，16（4）：8-12.

[9] 朱俊亭，王忠福，刘建德，等. 秦巴地区矿产资源和成矿分布规律[J]. 西北地质科学，1992，13（1）：53-64.

[10] 李乃英，郭彩玲，惠振德，等. 陕南秦巴山区矿产资源开发利用与持续发展研究[J]. 资源科学，1999，21（4）：31-34.

[11] 徐德龙. 秦巴山脉绿色循环发展战略研究——陕西组调研报告[R]. 中国工程院，2015.

[12] 谢和平. 秦巴山脉绿色循环发展战略研究——四川组调研报告[R]. 中国工程院，2015.

[13] 钟志华. 秦巴山脉绿色循环发展战略研究——重庆组调研报告[R]. 中国工程院，2015.

[14] 薛群基. 秦巴山脉绿色循环发展战略研究——甘肃组调研报告[R]. 中国工程院，2015.

[15] 李德仁. 秦巴山脉绿色循环发展战略研究——湖北组调研报告[R]. 中国工程院，2015.

[16] 刘炯天. 秦巴山脉绿色循环发展战略研究——河南组调研报告[R]. 中国工程院，2015.

[17] 国土资源部. 中国矿产资源年报（2015）[M]. 北京：地质出版社，2015.

[18] 汉中市人民政府. 汉中市矿产资源储量简况[EB/OL]. http://www.hanzhong.gov.cn/tzhz/tzhj/201410/

t20141010_6305.html，2013-02-20.

[19] 安康市国土资源局.安康市国土资源局.安康市国土资源"十一五"规划及2020年远景目标展望[EB/OL]. http://gtj.ankang.gov.cn/Content-101525.html，2007-06-20.

[20] 凤县2013年国民经济和社会发展统计公报[R]. http://tjj.baoji.gov.cn/plus/view.php?aid=739，2014-05-09.

[21] 四川省统计局，国家统计局四川调查总队.四川统计年鉴（2014）[EB/OL]. http://tjj.sc.gov.cn/tjcbw/tjnj/2014/index.htm.

[22] 洛阳市国土资源局.洛阳市矿产资源规划（2008-2015）[EB/OL]. http://www.lyblr.gov.cn/u0076u00691-10541.aspx，2012-10-25.

[23] 邱定蕃，彭苏萍，贺汇文，等.秦巴山脉绿色循环发展战略研究——秦巴山脉矿产资源绿色开发利用战略研究[R].中国工程院，2015.

[24] 徐德龙，和红星，李琪，等.秦巴山脉绿色循环发展战略研究——陕西组[R].中国工程院，2015.

[25] 刘畅，宿希强.河南嵩县：部分金矿无证生产污染严重[EB/OL]. http://www.315online.com/action/rights/109036.html，2011-02-16.

[26] 国务院办公厅.国务院办公厅转发安全监管总局等部门关于依法做好金属非金属矿山整顿工作意见的通知[EB/OL]. http://www.gov.cn/zwgk/2012-11/07/content_2259448.htm，2012-12-07.

[27] 齐亚琼.河南未来3年内将关闭矿山475座 南阳关闭187座[EB/OL]. http://www.chinanews.com/gn/2013/02-26/4596036.shtml，2013-02-26.

[28] 陕西省人民政府办公厅.陕西省人民政府办公厅关于转发省安全监管局等部门和单位2012-2015年金属非金属矿山整顿关闭工作方案的通知[EB/OL]. http://www.shaanxi.gov.cn/zfgb/10430.htm，2012-12-19.

[29] 陈昌礼，赵振华.我国城市建筑垃圾减量化资源化的关键问题及对策分析[J].建筑技术，2011，42（9）：774-777，826.

[30] 陈家珑，高振杰，周文娟，等.对我国建筑垃圾资源化利用现状的思考[J].中国资源综合利用，2012，30（6）：47-50.

[31] 杨家宽，朱新锋，刘万超，等.废铅酸电池铅膏回收技术的研究进展[J].现代化工，2009，29（3）：32-37.

[32] 陕西凤翔血铅事件11人被处分[EB/OL]. http://unn.people.com.cn/GB/10624605.html，2009-12-22.

[33] 杜成.四川页岩气可采资源量达4.42万亿立方 居全国第一[EB/OL].http://sc.people.com.cn/n/2014/1229/c368504-23379398.html，2014-12-29.

[34] 乔佳妮，王文昭.我省全面启动绿色和谐矿山试点[N].陕西日报，2014-09-14.

[35] 国土资源部.中国矿产资源报告2016[EB/OL]. http://www.cgs.gov.cn/xwl/ddyw/201611/t20161117_416829.html，2016-11-17.

[36] 国土资源部.国土资源部将协调解决绿色矿山建设中的重大问题[EB/OL]. http://www.gov.cn/xinwen/2014-09/02/content_2743962.html，2014-09-02.

[37] 张清军，鲁俊娜.我国绿色矿山建设现状、问题及发展途径[C].第四届中国矿山安全技术装

备与管理大会，呼和浩特，2014.

[38] 李奇明，杨树旺，王来峰.我国绿色矿山鼓励政策评析[J].中国国土资源经济，2014（3）：52-55.

[39] 于德福.国土资源部鼓励矿企建绿色矿山[J].西部资源，2013，（3）：27.

[40] 彭剑平，沈述保.绿色矿山建设长效机制与典型案例[J].黄金科学技术，2016，24（4）：133-136.

[41] 乔繁盛.建设绿色矿山发展绿色矿业[J].中国矿业，2009，18（8）：4-5.

[42] 黄敬军.论绿色矿山的建设[J].金属矿山，2009，394（4）：7-10.

[43] 张立.绿色，矿业发展的"新价值"[N].中国矿业报，2012-09-14.

[44] 国土资源部.《国家级绿色矿山基本条件》发布[N].中国国土资源报，2010-08-20.

[45] 王琼杰. 绿色，矿山企业最亮丽的风景线——我国发展绿色矿业、建设绿色矿山巡礼[N]. 中国矿业报，2014-09-15.

[46] 国家发展和改革委员会. 国家发展改革委关于印发《2015年循环经济推进计划》[EB/OL]. http://www.gov.cn/xinwen/2015-04-20/content_2849620.htm，2015-04-20.

[47] 国土资源部，财政部. 关于首批矿产资源综合利用示范基地名单的公告[EB/OL]. http://www.gov.cn/zwgk/2011-10/28/content_1980597.htm，2011-10-28.

[48] 关于首批矿产资源综合利用示范基地名单的公告[EB/OL]. http://www.gov.cn/govweb/zwgk/2011-10/28/content_1980597.htm，2011-10-28.

彩　　图

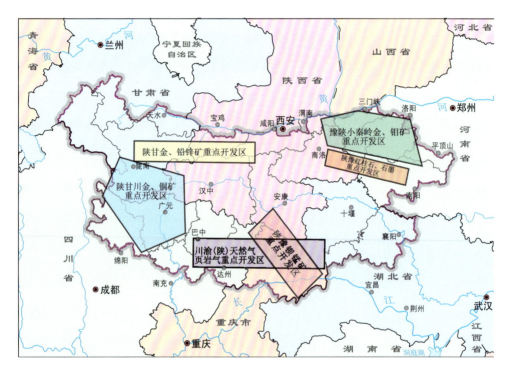

秦巴山脉重点矿集（开发）区分布图